성경의 패러독스, 그 특별한 지혜

뒤집으면 비로소 보이는 진리
성경의 패러독스, 그 특별한 지혜

1쇄 발행 2019년 1월 21일

지은이 워렌 위어스비
옮긴이 장택수
펴낸이 고종율

펴낸곳 주) 도서출판 디모데 〈파이디온선교회 출판 사역 기관〉
등록 2005년 6월 16일 제 319 – 2005 – 24호
주소 서울특별시 서초구 서초대로 141–25(방배동, 세일빌딩)
전화 마케팅실 070) 4018–4141
팩스 마케팅실 031) 902–7795
홈페이지 www.timothybook.com

값 13,000원
ISBN 978–89–388–1644–3 03230

뒤집으면 비로소 보이는 진리

성경의 패러독스, 그 **특별한** 지혜

워렌 위어스비 지음 | **장택수** 옮김

목 차

들어가는 글 | 역설에서 얻는 통찰

역설은 반대되기 때문에 언뜻 보면 말이 안 된다. 그래서 우리는 역설적인 말에 논리적 모순이 있음을 감지하면서도 호기심을 느낀다. 그런데 이 역설을 곰곰이 묵상하면 인생의 중요한 단면을 깊이 보고 새로운 교훈을 얻을 수 있다. 역설은 훌륭한 교사다.

"성공만큼 성공을 보장하는 것은 없다"라는 말을 들어봤는가? 그렇다면 혹시 "성공만큼 큰 실패는 없다"라는 말도 들어본 적이 있는가? 체스터턴(G. K. Chesterton)의 『이단자들』(*Heretics*) 1장에 나오는 문장이다. 나는 체스터턴이 말한 역설에 강렬한 호기심을 느꼈다. 또 1세기 이스라엘 유대 랍비 힐렐(Hillel)은 "나의 낮아짐은 나의 높아짐이고 나의 높아짐은 곧 나의 낮아짐이다"라고 했다. 이는 "무릇 자기를 높이는 자는 낮아지고 자기를 낮추는 자는 높아지리라"(눅 14:11)는 말씀과 많이 닮았다.

하늘에 계신 우리 아버지는 모든 자녀의 신앙이 성장하고, 진정한 그리스도인이 하나님께 순종하고 성숙해지기를 바라신다. 사도 베드로는 "오직 우리 주 곧 구주 예수 그리스도의 은혜와 그를 아는 지식에서 자라 가라"(벧후 3:18)고 강조했다. 주 여호와를 영화롭게 하려면 성장해야 한다. 사도 요한의 말을 빌리면, 하나님의 가족은 "자녀들…아비들…아이들"로 구성되는데(요일 2:12-14), 모든 신자는 하나님의 '어린 자녀'이며, 히브리서 5장 12-14절의 충고에 따라 어린아이에서 신앙 면에서 성숙한 어른으로 자라야 한다. 유아식을 중단하고 성숙한 성도가 먹는 단단한 음식을 먹어야 하는 것이다. 예수님은 우리가 '열매'를 맺는 데서 나아가 '더 많은 열매'를 맺고 '그보다 더 많은 열매'를 맺기를 바라신다(요 15:1-8). 그 이유가 무엇일까? "열매를 많이 맺으면… 아버지께서 영광을 받으"(8절)시기 때문이다. 신앙이 자라려면 다음을 실천해야 한다.

- 하나님의 계명에 순종한다.
- 하나님의 약속을 믿고 실천한다.
- 하나님의 원리를 이해한다.
- 하나님의 역설을 깊이 이해한다.

'계명'은 하나님 아버지를 기쁘게 해드리고, 그분이 주신 복을 누리려는 사람에게 하나님이 순종하라고 주신 명령과 지시다. '약속'은 하나님을 신뢰하고 그분께 순종할 때 하나님이 자신의 백성을 돌보신다는 확신과 격려다. 또 '원리'는 계명과 약속의 토대가 되며 여호와의 성품과 목적을 담고 있다. 하나님은 거룩하시기 때문에 우리가 거룩하기를 원하신다(레 19:2; 20:7; 벧전 1:15-16). 우리가 순종할 때 하나님은 우리를 축복해주시고, 복되게 하신다.

'역설'이라는 말이 계명과 약속, 원리 같은 단어보다 낯설 수는 있지만, 이 단어에 못지않게 중요하다. 왜냐하면 역설은 우리를 하나님 말씀의 진리 가운데로 더 깊이 인도하는 진리를 담고 있기 때문이다. 스코틀랜드의 설교자 조지 모리슨(George H. Morrison)은 "사람은 신비를 다 이해하며 사는 것이 아니다. 단지 이해할 수 없는 신비 가운데 살 뿐이다"라고 했다.[1] 이 책의 목차를 훑어보면 내가 말하려는 바를 알 수 있을 것이다. 어떻게 약한데 강하다고 하는가? 어떻게 낮아질 때 높아지는가? 가만히 있는데 어떻게 앞으로 가는가? 전부 역설이다. 하지만 사실이다. 바울은 고린도후서 6장 9-10절에서 성령의 감동으로 몇 가지 역설을 기록했다. "무명한 자 같으나 유명한 자요 죽은 자 같으나 보라 우리가 살아 있고."

> 징계를 받는 자 같으나 죽임을 당하지 아니하고
> 근심하는 자 같으나 항상 기뻐하고
> 가난한 자 같으나 많은 사람을 부요하게 하고
> 아무것도 없는 자 같으나 모든 것을 가진 자로다.

---

1 George H. Morrison, *The Weaving of Glory* (London: Hodder and Stoughton, 1913), 245. 『하나님의 영광을 바라보며』(두란노).

고린도 교인들은 교회 예배에서 이 말씀을 들었을 때 정신이 번쩍 들고 궁금증이 발동했을 것이다. "어떻게 죽은 동시에 살 수 있지? 어떻게 슬픈 사람이 항상 기쁘지?" 이런 의문도 생겼을 것이다. "가난한 사람이 어떻게 많은 사람을 부자로 만들지? 아무것도 없는데 어떻게 모든 것을 소유하지?" 역설은 우리의 관심을 끌며, 우리의 신앙에 도전을 제기하고, 더 깊이 생각하게 하며, 현명한 질문을 끌어낸다. 무엇보다 역설은 우리를 진리 가운데로 이끈다. 그 진리를 실천하면 영적인 어린아이에서 자라나 어른이 되는 복을 누릴 수 있다. 유명한 철학자 알프레드 노스 화이트헤드(Alfred North Whitehead)는 "교리의 충돌은 재앙이 아니라 기회"라고 했다.[2] 역설이 한편으로는 모순처럼 보이지만, 그리스도인에게는 성장을 위한 도전이자 기회가 된다.

고전 문학이나 신간을 읽다가도 종종 역설을 발견한다. 미국의 자연주의자 헨리 데이비드 소로(Henry David Thoreau)는 1856년 12월 5일 일기에 이렇게 적었다. "아무런 장점을 누리지 못하는 것이야말로 최고의 장점이다. 내가 생각하기에 가난할수록 부요하다는 말은 불변의 진리인 것 같다." 조지 오웰(George Orwell)은 『동물농장』(*Animal Farm*) 10장에서 매우 인상 깊은 역설을 남겼다. "모든 동물은 평등하다. 그러나 어떤 동물들은 더욱 평등하다."

---

2 Alfred North Whitehead, *Science and the Modern World* (New York: Macmillan, 1929), 266. 『과학과 근대세계』(서광사).

그뿐 아니라 젊은 할리우드 여배우가 신문 인터뷰에서 이런 말을 했다. "깊이 들어갈수록 나는 지극히 얕은 사람이다." 미국의 수필가 랠프 월도 에머슨(Ralph Waldo Emerson)은 "하나님은 모든 것을 숨기시되 우리 근처에 두신다"라고 했다.

텔레비전에도 종종 역설이 등장한다. 유명 언론인 에드워드 머로(Edward R. Murrow)는 베트남전을 보도한 뒤에 "혼란을 느끼지 않는 사람은 상황을 이해하지 못한 것이다"라고 했다. 마지막 사례는 어느 유식한 신학자의 말이다. "우리는 우리가 해야만 하는 대로 할 자유가 있다."

이제 성경의 15가지 역설에 담긴 의미를 살펴보고, 우리 삶의 모든 영역에서 신앙적으로 성숙하는 데 어떤 도움이 되는지 알아보려고 한다. 역설을 소개하는 순서에는 아무런 의도가 없기 때문에 관심 있는 내용부터 읽어도 좋다. 다만 성경을 곁에 두고 내가 언급만 하고 기술하지 않은 구절도 찾아 읽기 바란다. 모든 구절이 중요하므로 그냥 넘겨서는 안 된다.

이 책의 제목은 역설을 '주의를 끌기 위해 뒤집어 생각하는 진리'(truth standing on its head to gain attention)라고 정의한 영국의 수필가 체스터턴의 말에서 가져왔다.

Paradoxes 1

여호와를 두려워함이 즐거움이다

| 여호와를 경외함으로 섬기고 떨며 즐거워할지어다 _ 시 2:11

| 여호와를 두려워하는 너희여 그를 찬송할지어다 야곱의 모든 자손이여 그에게 영광을 돌릴지어다 너희 이스라엘 모든 자손이여 그를 경외할지어다 _ 시 22:23

| 높은 사람이나 낮은 사람을 막론하고 여호와를 경외하는 자들에게 복을 주시리로다 _ 시 115:13

| 이는 하늘이 땅에서 높음같이 그를 경외하는 자에게 그의 인자하심이 크심이로다 …아버지가 자식을 긍휼히 여김같이 여호와께서는 자기를 경외하는 자를 긍휼히 여기시나니 _ 시 103:11, 13

| 할렐루야, 여호와를 경외하며 그의 계명을 크게 즐거워하는 자는 복이 있도다 _ 시 112:1

| 여호와를 경외하며 그의 길을 걷는 자마다 복이 있도다 _ 시 128:1

| 여호와를 경외하는 것이 지혜의 근본이요 거룩하신 자를 아는 것이 명철이니라 _ 잠 9:10

| 여호와를 경외하는 것은 사람으로 생명에 이르게 하는 것이라 경외하는 자는 족하게 지내고 재앙을 당하지 아니하느니라 _ 잠 19:23

| 그가 여호와를 경외함으로 즐거움을 삼을 것이며 _ 사 11:3

| 긍휼하심이 두려워하는 자에게 대대로 이르는도다 _ 눅 1:50

우리가 하나님을 처음 믿었을 때는 기쁨이 충만했다. 죄를 용서받았음을 알고, 성경 말씀을 공부하기도 하며, 성령 안에서 산다는 것이 어떤 것인지 배우기 시작했기 때문이다. 우리는 이 새로운 삶이 절대 변하지 않을 것이라고 확신하지만, 결국 점차 변질되고 만다.

믿음이 자라고 더욱더 굳건해지려면 시험을 통과해야 한다. 세상과 육신과 마귀가 우리를 대적하며 유혹과 시험이 찾아온다(엡 2:1-3; 요일 2:15-17). 그런데 승리하지 못하는 날도 많고, 마음 가는 대로 살다가 여호와께 불순종하기도 한다. 그러고서 결국 우리 죄를 고백하며 이렇게 기도한다. "주의 구원의 즐거움을 내게 회복시켜 주소서"(시 51:12). 요한일서 1장 9절을 선포하며 일어나 새롭게 시작하려는 것이다.

그러나 원수는 우리에게 기쁨이 넘치기를 원하지 않기 때문에 우리에 대해 거짓으로 고발한다(슥 3:1-5; 계 12:10). 그는 우리가 죄의 기억 때문에 괴로워하고 낙심하며, 죄의 결과에 대해 근심하기를 원한다. 사탄은 우리를 유혹하면서 속삭인다. "걱정하지 마. 벌 안 받고 넘어갈 수 있어." 그러나 우리가 죄를 지으면 태도가 돌변한다. "절대 처벌을 면할 수 없을걸?" 이제 우리 안에 여호와에 대한 두려운 마음과 하늘 아버지가 책망하실 것에 대한 걱정이 자리한다. 단순히 여호와를 기뻐하거나 두려워하는 마음은 여호와에 대한 즐거운 두려움으로 바뀌어야 한다.

기쁨과 두려움 사이에서 하루는 즐거워했다가 다음 날은 두려워하며 롤러코스터를 타는 것같이 사는 게 아니라 즐거운 두려움을 계속 경험하는 삶이 어떤 것인지 알아보자.

| 기쁨 |

예수님은 슬픔의 사람(사 53:3)이자 기쁨의 사람(요 15:11)이셨다. 어느 여름 수련회에서 이 내용을 전했는데, 예배가 끝나고 나서 나이가 지긋한 부인이 와서 나에게 불같이 화를 냈다. 예수님은 절대 기쁨이 넘치는 분이 아니며 내가 성경 말씀을 왜곡했다는 것이다. 나는 요한복음 15장 11절과 16장 20-24절, 누가복음 10장 17-24절을 보여주었다. "예수님께 기쁨이 없었다면 어떻게 제자들과 우리에게 기쁨을 주실 수 있었었겠습니까?" 부인은 획 돌아서더니 내가 아무것도 모른다며 씩씩거리며 사라졌다. 주님이 주시는 기쁨이 꼭 필요한 신자가 있다면 바로 그분일 것이다.

하나님의 사랑을 받는 자녀로서 우리는 주님이 주시는 기쁨을 누릴 복을 받았으며, 이 세상 행복을 의지하지 않아도 된다. 행복은 주로 상황에 의존한다. 사람들은 보통 모든 상황이 괜찮으면 행복해하지만, 상황이 힘들어지면 불행해하고 불평한다. 그러나 주님의 기쁨은 단순한 행복과는 차원이 다르다. 구원받지 못한 사람도 행복을 경험할 수는 있지만, 예수 그리스도를 진정으로 믿는 신자만이 훨씬 깊고 만족스러운 행복을 누릴 수 있다(눅 1:46; 빌 3:1; 4:4, 10). 주님의 기쁨은 상황이 아니라 우리 안에 계신 성령님께 달려 있다. 기쁨(희락)은 성령님이 일하셔서 생기는 열매이기 때문이다(갈 5:22). 또 기쁨은 성부 하나님이 만드신 것이다. 그래서 여호와를 인하여 기뻐하는 것이 우리의 힘이 된다(느 8:10). 그리고 기쁨은 성자 하나님이 주시는 것이자(요 15:11; 16:20-24) 성령 하나님이 자라게 하시는 것이다(살전 1:6; 갈 5:22).

누가복음 15장에 나오는 세 가지 비유에 기쁨이 잘 묘사되어 있다. 목자는 잃어버린 양을 찾았을 때, 여인은 잃어버린 동전을 찾았을 때, 아버지는 집을 떠났던 아들이 돌아왔을 때 기뻐했다. 셋 다 다른 사람들과 기쁨을 나누었다. 하늘의 천사들도 죄인 한 사람이 돌아올 때 기뻐했다(눅 15:7, 10). 하물며 우리를 돌보시는 목자, 우리를 사랑하고 용서하며 우리를 위해 잔치를 베푸시는 아버지가 계시는데 우리가 기뻐하는 것은 당연하지 않은가? 바울은 감옥에서 이렇게 말했다. "주 안에서 항상 기뻐하라 내가 다시 말하노니 기뻐하라"(빌 4:4; 3:1, 4:10 참고). 또 베드로는 우리의 기쁨을 "말할 수 없는 영광스러운 즐거움"(벧전 1:8)이라고 표현했다. 기쁨이라는 경험을 항상 말로 표현할 수 있는 것은 아니다. 다윗은 "주의 앞에는 충만한 기쁨이 있"(시 16:11)다고 했고, 무명의 시편기자는 하나님이 하늘 보좌에서 다스리시므로 기쁘다고 했다(시 67:3-4).

우리가 구원받았다는 사실과 사람들을 그리스도께 인도하는 기쁨 외에도 우리에게는 기뻐할 이유가 많다. 우리는 "하나님의 영광을 바라고 즐거워하"(롬 5:1-2; 12:12 참고)며 하나님 말씀의 축복 안에서 즐거워한다(시 19:8; 119:14, 92, 111, 162). "만군의 하나님 여호와시여 나는 주의 이름으로 일컬음을 받는 자라 내가 주의 말씀을 얻어먹었사오니 주의 말씀은 내게 기쁨과 내 마음의 즐거움이오나"(렘 15:16)라는 말씀도 있다. 나는 고통스러운 일이 생길 때마다 하나님이 나에게 주셨던 약속을 기억한다. 그것이 나에게 격려와 기쁨이 돼주었다. 아마도 데살로니가 교인들도 나와 같았을 것이다(살전 1:6). 시편에 보면, 우리가 하나님 말씀의 씨를 뿌릴 때마다 추수의 기쁨을 누릴 것이라는 하나님의 약속을 받았다고 나온다(시 126:5-6). 그뿐인가? 내가 한 기도에 응답을 받았을 때는 얼마나 기쁜가(요 16:24)! 우리 마음이 언제나 기쁜 찬양으로 가득할 것이다(시 33:1-5; 98:4-6)! 예수님은 우리의 삶이 기쁨으로 충만하기를 바라신다(요 17:13). 예수님을 기쁘게 해드리기 위해 살기로 작정한다면 우리 삶은 기쁨으로 충만할 것이다.

『개인기도』(홍성사 역간) 17장에서 C. S. 루이스는 기쁨을 '천국의 진지한 일'로 정의했다. 죄는 궁극적으로 슬픔과 후회를 낳는다. 예수님이 죄인을 위해 돌아가신 이유 가운데 그 슬픔과 후회를 해결해주시기 위한 것도 있다. 우리가 예수 그리스도를 믿으면 죄 사함을 받을 뿐만 아니라 하나님의 뜻을 아는 기쁨과 그 뜻에 순종할 능력, 주관자이신 하나님이 우리를 기뻐하신다는 사실을 아는 보상을 얻는다. 성부, 성자, 성령 하나님이 하시는 모든 말씀과 행동의 목표는 한 가지다. 우리로 영생과 풍성한 생명을 소유하게 하고, 하나님의 뜻을 행하며 기뻐하게 하려는 것이다. 루이스의 말처럼 기뻐한다는 것은 '천국의 진지한 일'이다. 당신은 그 일에 동참하고 있는가?

| 두려움 |

여호와를 경외한다는 것은 하나님을 향한 경건한 존경을 의미한다. 이 마음은 공포가 아니라 지식과 사랑, 믿음에서 온다. 우리는 하나님을 알수록 하나님을 더욱 사랑하고 더욱 신뢰하며 더욱 기쁘게 해드리고 싶어진다. 신앙생활에서 '경외심 없는 기쁨'은 피상적이고 무심하지만, 또 '기쁨 없는 경외심'은 파괴적이다. 즉 단순한 두려움은 우리를 미비시키지만, 경건한 두려움은 우리에게 활력을 주는 것이다. 그리고 경건한 두려움에 기쁨이 더해지면 엄청난 힘의 원천이 된다. "그러므로 우리가 흔들리지 않는 나라를 받았은즉 은혜를 받자 이로 말미암아 경건함과 두려움으로 하나님을 기쁘시게 섬길지니 우리 하나님은 소멸하는 불이심이라"(히 12:28-29). 여호와를 향한 적절한 경외심 없이 하나님이 흡족해하시는 섬김이 가능할까?

나는 어릴 때 부모님과 선생님이 나를 진심으로 생각해서 하는 명령이라면, 잘 듣고 반드시 순종해야 한다는 것을 배웠다. 또 어른 말씀에 거역하면 벌을 받는다는 것도 배웠다. 오히려 최악의 상황은 배움과 성숙의 기회를 잃어버리는 것이다. 권위를 인정하는 사람은 겸손하게 배우고, 그 배운 것을 잘 적용하기 때문에 잘살 수 있다. 성경에는 "여호와를 경외함"이라는 표현이 백 번 이상 나온다. 초대교회 신자들이 여호와를 경외했듯이 우리도 기꺼이 여호와를 경외해야 한다(행 9:31; 히 12:28-29). 어찌 보면 '여호와를 경외하는 것'은 '여호와를 믿는 것'과 같다. 이스라엘 백성이 홍해를 건너자 그들의 두려움은 믿음이 되었고, 믿음은 곧 기쁨으로 변했다. "이스라엘이 여호와께서 애굽 사람들에게 행하신 그 큰 능력을 보았으므로 백성이 여호와를 경외하며 여호와와 그의 종 모세를 믿었더라"(출 14:31). 그 후 이스라엘 사람들은 기쁨의 노래를 부르며 여호와를 찬양했다(출 15장).

오늘의 교회에 필요한 한 가지는 주권자 하나님을 경배하고, 그분께 거룩한 경외심을 품으며, 그분을 진정으로 두려워하는 마음을 품는 것이다. 이스라엘 백성이 시내산에 도착했을 때 하나님이 자신의 광채와 영광을 보이시자 그들은 두려워 떨었다(출 19장). 자녀가 부모를, 학생이 교사를, 군인이 상급자를 존경하는 법을 배워야 하듯이, 하나님의 자녀는 그분을 존경하고 경외하는 방법을 배워야 한다. 그래야 하나님의 사랑 안에서 자랄 수 있다. 바울은 죄로 가득한 세상의 추악한 행실을 말하고는(롬 3:10-17) 사람들이 그렇게 사는 이유를 설명했다. "그들의 눈앞에 하나님을 두려워함이 없느니라"(18절). 그는 시편 36편에서 다윗이 한 말을 인용했다.

아담과 하와가 죄를 짓고 숨었듯이(창 3:10) 심판을 두려워하는 사람은 도망쳐서 숨게 된다. 이스라엘 백성은 시내산에서 알 수 없는 존재에 대해 두려움을 느꼈다(출 19장). 과학이 발전한 시대에 사는 우리도 모든 것을 통제할 수 있다고 생각하지만, 막상 허리케인과 태풍이 닥치면 열심히 숨을 곳을 찾지 않는가? 옛말에도 있듯이 우리는 도망칠 수는 있어도 숨지는 못한다. "하나님을 경외하고 그의 명령들을 지킬지어다 이것이 모든 사람의 본분이니라"(전 12:13). 하나님의 자녀가 품는 두려움은 '하나님이 나에게 상처를 주시지 않을까?'가 아니라 '내가 하나님을 근심하게 하고 그분의 일을 방해하면 어쩌지?'에 가깝다. 고집스러운 자녀의 반항이 사랑 넘치는 부모의 마음에 상처를 주듯이 우리의 불순종은 성령을 근심하게 한다(엡 4:30). 자녀가 '다른 가족이 나에게 상처를 주지 않을까?'가 아니라 '내 행동이 다른 사람에게 상처를 주지는 않을까?'라고 생각하기 시작할 때 가정에 기쁨이 찾아온다.

"여호와를 경외하는 것이 지혜의 근본이요 거룩하신 자를 아는 것이 명철이니라"(잠 9:10). 교사를 알고 존경하는 것은 교사가 가르치는 내용을 알고 받아들이는 것만큼 중요하다. 지식은 주로 사람과 장소와 사물, 사실과 사건과 관계가 있지만, 지혜는 그 모든 것을 종합하여 가치와 원리, 진리를 끌어낸다. 삶에서 누구, 무엇, 언제, 어디를 아는 것도 중요하지만 왜, 어떻게도 알 필요가 있다. 그래서 지혜 있는 사람은 성품을 다듬고 형통한 삶을 사는 데 지식을 적절히 사용한다. 내가 가진 머그컵에는 이런 문구가 적혀 있다. "명성을 얻는 것은 한순간이지만 성품을 얻으려면 평생이 걸린다." 이 말을 이렇게 바꿔보자. "성품을 세우는 데는 평생의 경험과 지식, 지혜가 필요하다." 여호와를 알고 그분을 신뢰하는 사람이라면 삶의 경험과 지식을 지혜를 쌓고 성품을 다듬는 데 사용할 것이다. 우리가 아무리 똑똑해도 어리석은 실수를 거듭할 수 있다. 그러나 지혜가 있으면 결국 바른 일을 하게 된다.

"여호와를 경외함으로 말미암아 악에서 떠나게"(잠 16:6) 된다. 그래서 하나님은 그분을 경외하는 사람을 들어 쓰신다. 이런 말씀도 있다. "여호와를 경외하는 것은 사람으로 생명에 이르게 하는 것이라 경외하는 자는 족하게 지내고 재앙을 당하지 아니하느니라"(잠 19:23). "여호와의 친밀하심이 그를 경외하는 자들에게 있음이여 그의 언약을 그들에게 보이시리로다"(시 25:14). 시편 112편에 따르면 "여호와를 경외하며 그의 계명을 크게 즐거워하는 자는 복이 있도다"(1절). 미국 휘튼대학의 총장을 지냈던 레이먼드 에드먼(V. Raymond Edman) 박사는 이 말씀을 설명하면서 여호와에 대한 경외함은 "다른 모든 두려움을 몰아내는 두려움"이라고 했다. 맞는 말이다. 시편을 읽어보면 당신도 그 말에 동의할 것이다.

| 즐거운 두려움 |

경건한 두려움과 기쁨이라는 축복은 서로 반대되는 것 같지만, 이 두 가지가 함께 있을 때 신자는 더 성숙해지고 하나님의 신실한 자녀가 된다. 성경에 두려움과 기쁨이 협력하는 내용이 종종 등장한다. 시편 95편은 기쁨으로 시작하여(1-5절) 경배와 하나님에 대한 두려움으로 끝을 맺는다(6-11절). 이사야는 "그가 여호와를 경외함으로 즐거움을 삼을 것이며"(사 11:3)라고 했다. 빌립보 교회에 보내는 편지에서 바울은 기쁨을 18번 언급했으며 신자들에게 "두렵고 떨림으로 너희 구원을 이루라"(빌 2:12)고 했다. 바울 자신에게는 기쁨이 있었으나 그는 일부 신자의 경솔한 행동에 눈물을 흘렸다(빌 3:18).

하나님의 백성은 주님을 경외하는 것과 그분이 주시는 기쁨을 누리는 것 사이에서 어떻게 균형을 이룰 수 있을까? 우리는 하나님의 말씀을 알고 신뢰하며, 성령님께 순복하고 성령님이 우리를 채우고 역사하시도록 삶을 내어드려야 한다. 성경에는 아들 이

삭을 바친 아브라함(창 22장; 히 11:17-19)부터 예수님을 어린양과 사자로 묘사한 문구가 26번 나오는 요한계시록(계 5:6; 6:16-17)까지, 여호와에 대한 즐거운 두려움을 경험한 하나님 백성의 이야기가 풍성하다. 어린양은 우리 죄를 위해 죽으셨다. 어린양을 거부하는 자들에게 어린양은 반항하는 죄인을 벌하는 사자가 되신다.

주 예수님은 두려움과 기쁨 사이에서 어떻게 균형을 맞추는지 보여주신다. 예수님은 변화산에서 모세와 엘리야, 임박한 십자가 죽음에 대해 말씀하셨으나 하늘의 영광으로 해같이 빛나셨다(눅 9:30-31). 예수님은 십자가에서 큰 고통을 받으셨으나 "그 앞에 있는 기쁨을 위하여" 믿음으로 십자가를 참으셨다(히 12:2; 유 1:24 참고). 십자가의 시편인 시편 22편은 두려움과 찬양을 함께 이야기한다(22-26절). 베드로전서의 주요 주제는 고통과 영광 사이에서 균형을 이루는 것이다. 베드로는 예수 그리스도의 교회가 억압과 핍박을 당할 거라고 경고하며 성도들에게 어떻게 대비해야 할지 가르쳤다. 베드로전서 4장 12-19절의 불 시험을 대비하지 않는다면 예수님이 말씀하신 마태복음 5장 11-12절의 기쁨을 어떻게 경험하겠는가? 오늘의 교회가 반드시 명심해야 할 메시지다.

예수님의 제자들은 주님에 대한 경외함과 그분을 기뻐하는 일의 균형을 잘 맞추었다. 사도행전을 보면 초대교회 그리스도인들이 하나님의 영광을 위해 어떻게 핍박을 극복했는지가 나온다. 그들의 삶에서 첫째 목표는 예수 그리스도를 드러내고 복음을 전하는 일이었다(행 4:20). 사역 때문에 매 맞고 투옥되며 심지어 순교까지 당했지만, 하나님의 뜻을 받아들이고 하나님의 영광을 추구했다(행 4:1-22). 또 날마다 하나님의 말씀과 기도에 전념하고(행 6:4) 능력과 지혜를 얻기 위해 성령 충만을 의지했으며, 하나님의 진리를 위해 담대히 목소리를 높였다(행 4:21-31). 나는 이 시대에 이루어지고 있는 '평소와 다를 바 없는' 사역이 우려스럽다. 기도하지 않거나 용기를 내어 전도하지 않으면, 원수를 이기고 잃어버린 영혼에게 다가가는 일을 약화할 것이다. 안타깝게도, 우리는 아직 불 시험을 견딜 준비가 되어 있지 않다(벧전 4:12). 독일의 순교자 디트리히 본회퍼(Dietrich Bonhoeffer)는 그리스도인을 '이 세상에서 하나님의 고통에 참여하는 사람'이라고 정의했다. 우리는 과연 그 정의에 해당되는 사람인가?

즐거운 두려움은 분명 역설이지만 불가능한 일은 아니다.
그 균형을 아는 사람에게 복이 있다.

Paradoxes 2

약함이 강함이다

여러 계시를 받은 것이 지극히 크므로 너무 자만하지 않게 하시려고 내 육체에 가시 곧 사탄의 사자를 주셨으니 이는 나를 쳐서 너무 자만하지 않게 하려 하심이라 이것이 내게서 떠나가게 하기 위하여 내가 세 번 주께 간구하였더니 나에게 이르시기를 내 은혜가 네게 족하도다 이는 내 능력이 약한 데서 온전하여짐이라 하신지라 그러므로 도리어 크게 기뻐함으로 나의 여러 약한 것들에 대하여 자랑하리니 이는 그리스도의 능력이 내게 머물게 하려 함이라 그러므로 내가 그리스도를 위하여 약한 것들과 능욕과 궁핍과 박해와 곤고를 기뻐하노니 이는 내가 약한 그때에 강함이라 _ 고후 12:7-10

누군가가 비밀이란 '한 번에 한 사람에게만 반복해서 말하는 것'이라고 정의했다. 여기에 해당되는 사람이 있겠지만 사도 바울은 아닐 것이다. 그는 14년 동안 마음속에 비밀을 간직했다가(고후 12:1-4) 사역을 지키기 위해 마침내 털어놓았다. 바울은 그의 사도로서의 권위에 의문을 제기하는 골치 아픈 고린도 교인들에게서 공격을 받았다. 그는 자신이 하늘에 다녀왔다는 사실을 아무에게도 말하지 않고 있었다. 이 놀라운 경험 때문에 교만해질까 봐 하나님은 그의 육체에 가시를 주셨다. 그 가시가 무엇인지는 아무도 모른다. 알려고 해봐야 의미 없는 일이다. 그런데 하나님이 어떻게 바울을 다루셨는지 아는 것은 중요하다. 비슷한 방식으로 우리를 다루실 수도 있기 때문이다.

| 예상하지 못한 문제(고후 12:7) |

중국에서 사역하는 친구에게서 어느 교회의 장로에 대한 이야기를 들었다. 그 장로는 목사가 교회에 있는 동안에는 큰 도움이 되었다. 그런데 목사가 전도 여행만 떠나면 태도가 돌변해서 교회 안에 심각한 문제를 일으켰다. 그러다 목사가 돌아오면 다시 예전처럼 잘했다. 시간이 흐른 뒤, 그 장로는 자기 삶과 교회를 파괴했던 죄를 고백했다. 그 죄는 바로 교만이었다. "장로 직분을 받았을 때 사탄이 '이제 너는 중요한 사람이야'라고 속삭였어요. 그 말을 믿었더니 교만이 저를 사로잡았어요. 저는 교회를 섬기기는커녕 악한 일만 저질렀어요." 하나님은 그 장로를 구하시고 그가 끼친 피해를 보수하셨다.

바울은 회심할 때 예수님을 영광 중에 보았고 그분의 음성을 들었다(행 9:1-9). 하늘에 다녀온 경험은 매우 특별한 일이기에 바울은 충분히 다른 신자들처럼 교만해질 수 있었다. 그래서 하나님은 바울이 교만해지지 않도록 미리 손을 쓰셨다. 과거에 지은 죄 때문에 하나님이 우리를 책망하실 때가 있지만(히 12:3-11), 미래에 지을 죄를 예방하는 차원에서 우리를 단련하실 때도 있다. 나도 하나님이 왜 고통스러운 사건을 내 삶에 허락하셨는지 의문을 품은 적이 있다. 아마도 하늘에 가면 그 이유를 알게 될 것이다. 바울은 하나님이 자신의 육체에 가시를 주신 이유를 알았다. "너무 자만하지 않게"(고후 12:7) 하기 위해서였다. 바울이 이 말을 반복했다는 사실을 주목하라.

삶에서 어느 정도 성공을 이루면 교만해져서 자기 능력을 과신하기 쉽다. 유다의 웃시야 왕처럼 말이다. 그는 여호와께 큰 도움을 받았다. "그의 이름이 멀리 퍼짐은 기이한 도우심을 얻어 강성하여짐이었더라 그가 강성하여지매 그의 마음이 교만하여 악을 행하여"(대하 26:15-16). "교만은 패망의 선봉이요 거만한 마음은 넘어짐의 앞잡이니라"(잠 16:18). 바울이 해야 하는 일이 있었기 때문에 하나님은 그를 겸손하게 할 가시를 주셨다. 그 가시는 효과가 있었다. 자기가 강한 줄 아는 강함은 약함이 되고, 자기가 약한 줄 아는 약함은 결국 강함이 되는 법이다.

요셉도 비슷한 일을 겪었다. 그는 젊고, 똑똑하며, 경건한 청년이었다. 비록 하나님과 교제하는 사람이었지만, 그는 자신에게 주어진 진리를 지혜롭게 믿을 줄 몰랐다(창 37, 39장). 그래서 교만에 빠지기가 쉬웠다. 하나님은 그런 요셉을 노예의 신분으로 이집트로 보내셨다. 그리고 그는 억울하게 감옥에 갇혔다. 진정한 약함이 무엇인지 배운 요셉은 훗날 이집트의 총리가 된다. "주 앞에서 낮추라 그리하면 주께서 너희를 높이시리라"(약 4:10). 하나님이 우리 삶에 주시는 예상치 못한 어려움을 받아들이면, 약함에서 강함으로 옮겨지고 그분의 이름을 영화롭게 할 수 있다. 그러나 자기 지혜와 능력을 의지하여 자기 뜻을 행하려 하면, 절대 강해질 수 없다. 강함이 강함인 줄 알면 약함이 되지만, 약함이 약함인 줄 알고 주 여호와를 온전히 신뢰하면, 그 약함은 강함이 되는 것이다. 처음 고린도로 전도 여행을 갔던 바울은 자신이 약하다고 생각했기 때문에 두려움에 심히 떨었다. 그는 고린도에서 인기 있는 이방 교사들과 달리 단순하고 감정적으로 설교했다. 그러나 바울은 사람들이 자신에게 감동하기보다 예수님을 바라보며 그분을 믿기 바랐다(고전 2:1-5 참고). 그래서 신자들에게 그리스도를 따르고 본받으라고 권면한다. 그는 유명 인사가 아니라 예수 그리스도의 진정한 종이었다.

성공했다고 높아지지 않고, 실패했다고 낙심하지 않으려면 어떻게 해야 할까? 하늘 아버지는 그 균형을 어떻게 맞춰야 하는지 잘 아신다. 예수님은 "약하심으로 십자가에 못 박히셨으나 하나님의 능력으로 살아"(고후 13:4) 계신다. 또 예수님이 연약함과 패배로 보이는 십자가를 권능과 승리로 바꾸셨기 때문에 우리도 그것을 자랑할 수 있다(고전 1:18-2:8; 골 2:15; 갈 6:14). 많은 고초와 병약함을 겪은 바울이 자신의 어려움을 그리스도의 고통과 동일시하자 그의 삶에서 능력이 퍼져 나갔다. 설명할 수는 없지만 우리도 충분히 경험할 수 있는 일이다. 그때까지 바울의 신앙생활이 온전하지는 않았지만 그는 계속 전진했다(빌 3:12). 나도 가끔 내가 어느 정도 수준에 올랐다는 교만한 생각이 들 때가 있다. 그러면 하늘 아버지는 아직 갈 길이 멀다는 사실을 깨우쳐주신다. 그분이 알려주시는 신호는 무심코 지나치기가 어렵다(나는 컴퓨터 때문에 겸손해질 때가 참 많다). 우리 연약함을 인정할 때 하나님이 그분의 강함을 보이신다. 예상하지 못한 고통과 문제가 언제 들이닥칠지, 하늘 아버지가 우리를 위해 어떤 복을 예비해두셨을지 우리는 절대 알지 못한다. 그러니 보이는 것이 아니라 믿음으로 행해야 한다. 확신하건대 하늘 아버지는 우리를 결코 포기하지 않으실 것이다.

| 응답받지 못한 기도(고후 12:8) |

주님이 기도에 응답하지 않으실 때 바울로서는 매우 답답했을 것이다. 그는 하나님의 뜻대로 기도하는 법을 아는 믿음의 사람이었기 때문이다(롬 8:26-28). 여호와는 아나니아에게 바울에게 가서 세례를 주고 그의 시력을 회복시켜주라고 하시면서 "그가 기도하는 중이니라"(행 9:11)고 하셨다. 그전만 해도 하나님의 백성을 핍박하는 일에 혈안이었던 바울은 이제 여호와께 기도하면서 다음 명령을 기다리고 있었다.

바울은 기도로 신앙생활을 시작하여 끝까지 기도를 지속했다. 예수님이 겟세마네 동산에서 고통의 잔을 거두어달라고 세 번 기도하셨듯이(막 14:35-41) 바울도 세 번 간구한 끝에 하나님의 뜻을 받아들였다. 요한일서에 대한 탁월한 주석서에서 로버트 로(Robert Law)는 "기도의 목적은 사람의 뜻을 하늘에서 이루어지게 하는 것이 아니라 하나님의 뜻을 땅에서 이루어지게 하는 것이다"라고 설명한다. 약속의 땅으로 가는 순례의 여정에서 이스라엘 백성은 여호와께 고기를 달라고 간청했다. "여호와께서는 그들이 요구한 것을 그들에게 주셨을지라도 그들의 영혼은 쇠약하게 하셨도다"(시 106:15; 민 11장). 말씀에 따르면 그들은 기도 응답은 받았지만 축복은 잃어버렸다. 하나님은 바울의 간구에 응답하지 않으시고 가시를 제거해주지 않으셨다. 그러나 바울의 필요를 채우시고 사역을 계속하도록 축복하셨다.

기도의 사람인 바울은 다른 그리스도인들에게 기도하라고 격려했으며, 자신을 위해 기도해달라고도 주저 없이 부탁했다(롬 15:30-32; 고후 1:8-11; 엡 6:19-20; 빌 1:19; 살전 5:25; 살후 3:1-2). 바울 서신에 기록된 바울의 기도를 묵상할수록 내 기도 생활에 힘을 얻는다는 느낌을 많이 받았다. 바울은 쉬지 않고 기도했다(롬 1:9; 살전 1:3; 2:13; 5:17; 딤후 1:3). 집(행 9:11)과 성전(행 22:17)에서, 교회 리더들(행 13:1-3; 20:36-38; 21:5)과 함께, 감옥(행 16:25)이나 풍랑을 만난 배(행 27:35)에서 등 어디에 있든지 기도했다. 어쩌면 하루 세 번씩 기도했던 다윗과 다니엘의 본을 따라 기도 생활을 유지했는지도 모른다(시 55:17; 단 6:10).

어떻게 보면 바울이 가시를 제거해달라고 하나님께 간구한 것은 지극히 당연한 행동이다. 우리 역시 문제에 봉착하거나 고통스러울 때 하나님께 도움을 구한다. 하나님은 우리에게 모든 염려를 주께 맡기라고 하셨다(벧전 5:7). 그러나 기도 응답을 받지 못하더라도 감사하는 것도 중요하다. 예를 들어, 모세는 여호와께 불순종했기 때문에 약속의 땅에 들어가지 못했다(민 20:1-13). 그는 마음을 바꾸어달라고 여호와께 여러 번 기도했지만, 하나님은 끝내 거절하셨다. 그러나 수 세기 후 주 하나님은 모세에게 엘리야와 함께 변화산에서 예수님과 영광스러운 교제를 나누는 복을 허락하셨다(마 17:1-13). 시간이 걸리긴 했지만 기다릴 가치가 충분한 축복이었다!

응답되지 않은 기도는 우리 삶에 회개하고 버려야 할 숨은 죄가 있거나(시 66:18), 우리가 하나님의 뜻대로 기도하지 않았다는 의미일 수 있다. "그를 향하여 우리가 가진바 담대함이 이것이니 그의 뜻대로 무엇을 구하면 들으심이라 우리가 무엇이든지 구하는 바를 들으시는 줄을 안즉 우리가 그에게 구한 그것을 얻은 줄을 또한 아느니라"(요일 5:14-15). 야고보서 4장 15절도 우리에게 '주의 뜻대로' 기도하라고 조언한다. 하나님 앞에서 기다리고, 그분을 경배하며 말씀을 찾고, 주의 뜻대로 기꺼이 하겠다고 고백할 때 하나님의 뜻을 발견할 수 있다(요 7:17). 나는 성부 하나님께 무엇을 언제 어떻게 하셔야 한다고 말할 정도로 똑똑한 사람이 아니다. 다만 하나님께 순복하고 "아버지의 원대로 되기를 원하나이다"(눅 22:42 참고)라고 말씀드릴 뿐이다.

| 제한 없는 능력(고후 12:9) |

주 하나님은 바울의 육체에서 가시를 제거하지 않으셨으나 그 짐을 축복으로 바꾸는 데 필요한 은혜를 주셨다. 은혜로 약함을 강함으로 바꾸어주신 것이다. 그렇다고 바울이 이제 거뜬히 고통을 견디고, 그것을 자신에게 불리한 방향이 아닌 유리한 수

단으로 사용하게 되었다는 의미는 아니다. 주님은 바울에게 "내 은혜가 네게 족하도다 이는 내 능력이 약한 데서 온전하여짐이라"(고후 12:9)고 하셨다. 고린도후서에 '은혜'가 16번 등장하는데, 은혜(GRACE)라는 단어를 누군가는 이렇게 표현했다.

God's	하나님의
Resources	자원
Available to	가용한, 허락된
Christians	그리스도인에게
Everywhere	모든 곳의

→ 모든 그리스도인에게 허락된 하나님의 자원

하나님의 은혜는 모든 필요와 상황을 이용해 우리를 단련하고, 예수님을 영화롭게 하려는 하나님의 실천적 사랑이다. 하나님은 우리의 능력 없음을 판단하시려는 게 아니라 자신의 거룩한 능력을 주시려고 우리가 그 능력을 받을 수 있는지 시험하시려는 것뿐이다. "항상 우리를 그리스도 안에서 이기게 하시고…하나님께 감사하노라"(고후 2:14).

고린도후서 2장에서는 '족함', '만족' 같은 단어가 중요하다. 바울은 로마의 개선 행진을 설명한 뒤에(12-16절) 이렇게 묻는다. "누가 이 일을 감당하리요?" 그리스도의 영광스러운 승리에 동참

하기에 충분한 사람은 누구인가? 잃어버린 영혼에게 복음을 전하며 생명과 사망 사이에 설 수 있는 자는 누구인가? 바울은 다음 장에서 대답한다. "우리가 무슨 일이든지 우리에게서 난 것같이 스스로 만족할 것이 아니니 우리의 만족은 오직 하나님으로부터 나느니라 그가 또한 우리를 새 언약의 일꾼 되기에 만족하게 하셨으니"(고후 3:5-6). 그리스도를 신뢰하고 그분의 영광만을 구한다면, 우리는 그분이 이루신 승리에 만족하게 될 것이다. 우리에게 모든 영적 필요를 채우시는 그리스도 한 분만으로 충분하다.

고린도후서 9장 8절을 보면, 그리스도는 우리의 모든 물질적 필요도 채워주신다. "하나님이 능히 모든 은혜를 너희에게 넘치게 하시나니 이는 너희로 모든 일에 항상 모든 것이 넉넉하여 모든 착한 일을 넘치게 하려 하심이라." 바울은 거룩한 땅에서 고통받는 유대인 신자를 위해 '사랑의 구제'를 계속하라고 권면한다. 또 고린도 교인들이 약속을 지키고 베푸는 일을 계속할 수 있도록 격려한다. 신자의 필요를 채우고 불신자를 전도하기 위해 우리가 하나님께 드리는 헌금은 영원한 복을 얻기 위한 투자와 같다(이에 대해서는 다음 장에서 자세히 설명하겠다). 우리 부부는 사역하는 동안 주님이 각종 은사를 놀라운 방법으로 배가하시고, 우리의 필요만이 아니라 우리가 돕는 사람들의 필요까지 채우시는 것을 목격했다.

하나님은 영적인 필요와 물질적인 필요 외에 육체의 필요도 채우신다. 고린도후서 12장에서 보듯이 바울에게는 육체의 고통이 있었다. 아무리 열심히 기도해도 문제가 사라지지 않았다. 바울이 고린도 교인들에게 구체적으로 말하지 않아서 우리는 그 고통이 무엇인지 모른다. 그러나 영적인 필요와 물질의 필요를 채우시는 하나님이 우리의 육체적 필요라고 못 채우실 이유가 없다. 하나님은 바울의 육체적 필요도 채워주셨다. "내 은혜가 네게 족하도다 이는 내 능력이 약한 데서 온전하여짐이라"(고후 12:9).

신체를 관리하는 일은 시간이나 재정을 지혜롭게 사용하는 것과 마찬가지로 영적 훈련의 하나다. 그리스도인의 몸은 하나님의 성전이자(고전 6:19-20) 이 땅에서 하나님의 일을 성취하기 위한 그분의 도구이기 때문이다(롬 6:13; 12:1-2). 따라서 적절한 음식과 휴식을 취하고, 열심히 운동하며 위생 관리를 하는 일은 아주 중요한 신앙 훈련이다. 특히 나이가 들수록 일정과 활동, 식사를 잘 조절해야만 힘을 유지하고 기회를 잘 활용할 수 있다. 하나님의 약함은 우리의 강함보다 훨씬 강하다(고전 1:25). 우리가 하나님의 은혜를 신뢰할 때 하나님은 끝까지 우리를 돌보신다. "우리가 다 그의 충만한 데서 받으니 은혜 위에 은혜러라"(요 1:16).

성경을 읽다 보면 육체(빌 3:3)와 사람(시 118:8)을 신뢰하지 않는 자를 하나님이 놀랍게 들어 쓰신 이야기가 나온다. 그들이 오로지 하나님의 은혜만을 의지하자 하나님은 그들의 약함을 강함으로 바꾸셨다(히 11:34). "어떤 사람은 병거, 어떤 사람은 말을 의지하나 우리는 여호와 우리 하나님의 이름을 자랑하리로다"(시

20:7). 하나님이 우리를 부르셔서 명령하실 때는, 언제나 우리에게 필요한 모든 것을 먼저 주셔서 우리가 하나님을 잘 순종하고 섬길 수 있게 하신다. 바울이 자신의 약함을 자랑한 이유는 그 약함을 강함으로 바꾸시는 하나님을 신뢰했기 때문이다(고후 12:9). 우리 자신을 무익하게 여기고 하나님께 영광을 돌릴 때 하나님은 그분의 방법으로 그분의 때에 모든 필요를 채우시고 문제를 해결해주시며, 모든 적을 무찔러주실 것이다.

'또 다른'(another)에 해당하는 헬라어가 두 가지 있다. 하나는 '같은 종류인데 다른 것'이라는 뜻의 *allos*이고 다른 하나는 '다른 종류이며 다른 것'이라는 *heteros*다. 예수님이 제자들에게 "또 다른 보혜사"를 말씀하실 때(요 14:15-18) 사용하신 단어는 '알로스', 즉 '같은 종류인데 다른 것'이다. 예수님이 제자들에게 보혜사이셨듯, 오늘날 우리에게 보혜사는 성령님이시다. 베드로와 제자들을 가르치고 능력을 주셨던 바로 그 성령님이, 우리가 기회를 드리기만 하면 우리에게도 똑같이 역사하신다. 성령님께 불순종하고 우리 마음대로 행동하면 그분을 근심하게 하고 우리에게 절실하게 필요한 인도와 능력을 받을 수가 없다.

여기서 덧붙일 말이 있다. 잠잠히 앉아서 기다리기 위해서는 성령님의 도움이 필요하다. "오직 여호와를 앙망하는 자는 새 힘을 얻으리니 독수리가 날개 치며 올라감 같을 것이요 달음박질하여도 곤비하지 아니하겠고 걸어가도 피곤하지 아니하리로다"(사

40:31). "잠잠하고 신뢰하여야 힘을 얻을 것이거늘"(사 30:15). 많은 교회가 조용하고 신뢰하는 대신 시끄럽고 불안해하며, 주 여호와를 영화롭게 하지 못한다. 신자들을 보면 예수님이 제자들에게 하신 명령(막 6:31)과 다르게 가만히 쉬면서 묵상할 시간도 없이 이 집회 저 집회를 다니고 이 모임 저 모임을 쫓아다니느라 분주한 사람이 많다. 제한 없는 능력은 여호와를 기다리고 신뢰하는 사람에게 주어진다. 그분의 은혜는 언제나 충분하고 효율적이기 때문이다. 여호와를 기다릴 때 그분은 우리 대신 일하시며 모든 일이 합력하여 우리의 유익과 하나님의 영광을 이루신다.

| 믿을 수 없는 기쁨(고후 12:10) |

고통 중에 어떻게 기뻐할 수 있을까? 심리나 감정 면에서 문제가 있는 게 아닐까? 바울은 정신적인 문제가 있는 사람이 아니었다. 그래서 우리는 성경의 전후 맥락을 잘 살펴봐야 한다. 바울이 고통 중에도 즐거워할 수 있었던 이유는 자신의 구세주요 주님이신 예수 그리스도를 위한 일을 하다 느낀 고통이었기 때문이었다. 우리가 주를 위해 감내하는 모든 고통은 예수님이 우리를 위해 겪으신 고통과 결코 비교할 수 없다. 바울은 사람들의 생각은 신경 쓰지 않고 오로지 예수님의 생각에만 관심이 있었다. 이것이 바로 "그 고난에 참여함을 알고자 하여"(빌 3:10)의 의미다.

아이를 낳을 때는 고통스럽지만 아이를 낳으면 그 고통이 기쁨으로 바뀐다(요 16:2-22 참고). 이처럼 예수님을 위해 경험하는 고통은 지금도 물론 기쁨이 되지만 장차 주님을 만날 때 누릴 영광이 된다. "사랑하는 자들아 너희들이 연단하려고 오는 불 시험을 이상한 일 당하는 것같이 이상히 여기지 말고 오히려 너희가 그리스도의 고난에 참여하는 것으로 즐거워하라 이는 그의 영광을 나타내실 때에 너희로 즐거워하고 기뻐하게 하려 함이라"(벧전 4:12-13). 헌신된 그리스도인의 삶에는 고통과 영광이 따른다. 그러나 "주 예수를 볼 때 그 모든 일이 가치 있으리"라는 찬양의 가사처럼 모두 가치 있는 일이다.

여기서 중요한 사실이 있다. 예수님을 위해 당하는 고난 덕분에 우리가 더 예수님을 닮게 된다는 것이다. 바울은 "다만 이뿐 아니라 우리가 환난 중에도 즐거워하나니 이는 환난은 인내를, 인내는 연단을 연단은 소망을 이루는 줄 앎이로다 소망이 우리를 부끄럽게 하지 아니함은 우리에게 주신 성령으로 말미암아 하나님의 사랑이 우리 마음에 부은 바 됨이니"(롬 5:3-5)라고 했다. 고난이 어려움이 되지 않고 우리를 위하는 것이 되는 이유는 고난 때문에 그리스도의 능력이 우리 위에 머물기 때문이다(고후 12:9). 이 또한 역설이다. 육신의 고통을 겪는 사람이 오히려 영적으로 성숙해지는 것과 같다. 우리 부부는 여러 지역과 나라를 돌아다니며 사역하는 동안 놀라운 그리스도인을 많이 만났다. 그들은 우리에게 깊은 인상을 남겼는데, 견디기 힘든 고통스러운 일과 낙심되는 일을 겪으면서도 믿음으로 그런 상황을 바라보며, 기뻐하고 하나님의 능력을 깊이 경험했다.

바울이 육체의 가시에 대처한 방법을 보며 그의 본보기를 따라야 한다.

- 바울은 육체의 가시를 하나님의 선물로 보았다.
- 바울은 가시에 대한 하나님의 메시지에 귀를 기울였다.
- 바울은 하나님이 자신에게 가시를 주신 목적을 받아들였다.
- 바울은 가시를 대할 때 하나님의 은혜를 구했다.
- 바울은 가시를 통해 약함이 강함이 되고 고난이 기쁨이 되는 일을 경험했다.

바울은 그리스도의 능력이 자신에게 머물기를 바랐다(고후 12:9). 여기서 '머무르다'로 번역된 단어는 '천막'과 관련이 있다. 하나님의 빛나는 '영광의 구름'이 유대인의 성막이나 변화산을 뒤덮은 일을 떠올리면 된다(마 17:5). 또 가브리엘 천사가 마리아에게 말할 때도 비슷한 표현을 사용했다. "지극히 높으신 이의 능력이 너를 덮으시리니"(눅 1:35). 마리아의 몸은 하나님의 아들을 잉태하는 기적을 위한 성막이었다. 신자의 몸은 하나님의 성전이다(고전

6:19-20). 우리가 하나님께 순복할 때 하나님은 우리를 사용하여 자신의 이름을 영화롭게 하신다. 하나님의 영광의 구름은 우리를 덮고 인도하며 보호할 것이다. 그러니 두려워할 필요가 없다.

그리스도인에게 고통은 장벽이 아니다. 하나님의 은혜 가운데 든든히 서고(히 13:9) 하나님의 은혜의 보좌로 날마다 나아간다면(히 4:14-16), 주의 인도하심을 따라 주를 섬길 수 있을 것이다. 이에 대해 필립스 브룩스(Phillips Brooks)는 매우 적절한 말을 남겼다. "쉽게 살게 해달라고 기도하지 마십시오. 더 나은 사람이 되게 해달라고 기도하십시오. 당신의 능력에 맞는 일을 구하지 마십시오. 당신의 일에 맞는 능력을 구하십시오."

Paradoxes

3

주는 것이 받는 것보다 복되다

내가 아무의 은이나 금이나 의복을 탐하지 아니하였고 여러분이 아는 바와 같이 이 손으로 나와 내 동행들이 쓰는 것을 충당하여 범사에 여러분에게 모본을 보여 준 바와 같이 수고하여 약한 사람들을 돕고 또 주 예수께서 친히 말씀하신 바 주는 것이 받는 것보다 복이 있다 하심을 기억하여야 할지니라 _ 행 20:33-35

주라 그리하면 너희에게 줄 것이니 곧 후히 되어 누르고 흔들어 넘치도록 하여 너희에게 안겨 주리라 너희가 헤아리는 그 헤아림으로 너희도 헤아림을 도로 받을 것이니라 _ 눅 6:38

'복'과 '축복'은 신자의 삶에서 예배와 기도 때만이 아니라 무언가를 나눌 때도 중요한 단어다. 과연 축복이란 무엇인가? 바울은 육체의 가시가 고통스러운 짐이지만 결국에는 자신에게 필요한 축복이라고 고백했다(고후 12:7-10). 요셉은 이집트 사람의 노예였다 옥에 갇히기까지 했지만, 그것은 요셉을 이집트의 총리로 세우시려는 하나님의 시간표에 정확히 맞는 일이었다. 베드로는 예수님이 십자가에 달리시는 일을 반대했으나 하나님이 인간에게 주신 최고의 축복이 십자가라는 것을 깨달았다.

우리의 덕을 세우고, 하나님께 영광을 돌리도록 우리 주님이 보이고 말씀하며 행동하시는 모든 것이 하나님의 손에서 내려온 복이다. 하나님의 성품, 하나님의 말씀, 하나님의 일을 알고 나누는 일은 복되다. 그런데 그 모든 일이 우리 삶에 역사하여 이웃을 돕는 일에 사용되면 훨씬 더 복이 된다. 하나님과 함께 걸어갈 때 우리는 여러 단계의 축복을 경험한다. 주의 은혜와 지식 안에서 자라는 것은 복에서 복으로 가는 일이다. "우리가 다 그의 충만한 데서 받으니 은혜 위에 은혜러라"(요 1:16). 하나님은 우리를 위해 예비하신 일에 우리를 준비시키신다. 또 우리를 저수지가 아닌 늘 흐르는 수로처럼 하나님의 축복을 이웃에게 흘려보내는 축복의 통로로 세우신다.

세 번째 역설과 관련된 말씀을 자세히 읽다 보면 하나님의 축복에 세 가지 면이 있다는 것을 알게 될 것이다. 하나님의 복을 받는다는 측면, 그 복을 나누는 것 그리고 그 복 때문에 하나님께 영광을 돌릴 수 있다는 것이다.

| 하나님의 선물을 받는 놀라운 축복 |

태어난 후부터 우리는 하나님이 만드신 놀라운 창조물에 둘러싸여 산다. 그것은 놀라운 축복이다. 생각해보라. 매일 비치는 햇살 덕분에 세상을 볼 수 있고, 식물과 사람이 자라난다. 숨 쉴 공기와 먹을 음식, 마실 물과 목욕 물 외에도 삶을 즐기고 일하는데 필요한 여러 선물을 받았다. 하나님의 형상으로 지어진 사람이라면 하나님을 찬양하고 그분께 감사하는 것이 당연한데도, 이 모든 축복을 당연하게만 여긴다면 매우 불행한 일이다. "하나님이 지으신 그 모든 것을 보시니 보시기에 심히 좋았더라 저녁이 되고 아침이 되니 이는 여섯째 날이니라"(창 1:31). "주를 두려워하는 자를 위하여 쌓아 두신 은혜 곧 주께 피하는 자를 위하여 인생 앞에 베푸신 은혜가 어찌 그리 큰지요!"(시 31:19). 하나님이 우리를 위해 만들어주신 훌륭한 육체도 선물이다. 시편 139편에서 다윗은 하나님이 인간의 육체를 만드신 솜씨를 찬양한다. 하나님은 "우리에게 모든 것을 후히 주사 누리게"(딤전 6:17) 하신다. 그러나 인간은 끊임없이 주님의 선하심을 무시하고, 자신의 몸을 학대하며, 환경을 낭비하고, 하나님의 세계를 훼손하고 파괴한다.

"온갖 좋은 은사와 온전한 선물이 다 위로부터 빛들의 아버지께로부터 내려오나니 그는 변함도 없으시고 회전하는 그림자도 없으시니라"(약 1:17). 하나님이 주신 것은 선하며, 하나님이 그것을 주시는 방법 역시 선하다. 하나님은 끊임없이 베푸시며 그분의 성품에는 변함이 없다. 은혜가 풍성한 하늘에 계신 하나님은 우리가 지상에서 누릴 모든 축복을 준비하시고 "그리스도 안에서 하늘에 속한 모든 신령한 복"(엡 1:3)을 우리에게 주시려고 자신의 아들 예수를 보내셨다. "자기 아들을 아끼지 아니하시고 우리 모든 사람을 위하여 내주신 이가 어찌 그 아들과 함께 모든 것을 우리에게 주시지 아니하겠느냐"(롬 8:32)? 날마다 자주 하늘을 올려다보며 "만민에게 생명과 호흡과 만물을 친히 주시는"(행 17:25) 하나님께 감사해야 한다.

한편 뒤를 돌아보며 조상에게도 감사해야 한다. 그들이 없었다면 우리도 세상에 없었을 것이다. 내가 태어났을 때 의사는 내가 두 살을 넘기기 어려울 거라고 말했다. 그러나 주님의 계획은 달랐다. 스웨덴 사람인 나의 증조할아버지(뵌 적은 없다)는 우리 가족 안에 모든 세대마다 복음 전도자가 나오기를 기도하셨고, 그 기도대로 되었다. 내가 속한 세대의 설교자 후보가 나였는지 하나님은 나를 살려주셨다.

돌이켜보면, 하나님은 항상 나에게 좋은 교회 선생님, 학교 선생님과 대학 교수님을 붙여주셨다. 책을 좋아하고 올바른 독서 습관을 들일 수 있도록 도서관 사서를 붙여주신 적도 있다. 이분들을 보내주신 하나님께 감사드린다. 이 글은 자서전이 아니므로 자세히 적지는 않겠지만 많은 사람이 내가 어른이 되어 사역자가 되기까지 중요한 역할을 했다. 그 모든 사람을 예비하신 하나님께 감사드린다. 이것이 바로 하나님께 복을 받는 것이다. 무엇보다 나를 구원하려고 몸소 십자가에 달리신 주 예수 그리스도께 감사드린다. 구원받지 못한 사람은 내 삶을 보면서 여기저기 주름지고 찢긴 조각보 같다고 생각할지도 모른다. 그러나 사실은 정반대다. 아내와 나는 하나님의 손이 모든 곳에 있었다는 사실을 알기에 그저 모든 것이 감사하다. 이 땅의 삶과 영원한 삶, 풍성한 삶을 살게 하는 하나님의 선물을 받는 것이 큰 축복인 셈이다. 그런데 그것보다 훨씬 더 좋은 것이 있다.

| 하나님의 선물을 이웃과 나누는 훨씬 더 놀라운 축복 |

어느 날 예수님이 설교 중에 이런 말씀을 하셨다. "주는 것이 받는 것보다 복이 있다"(행 20:35). 듣는 사람 모두가 깜짝 놀랐다. 마태, 마가, 누가복음에 기록된 말씀은 아니지만 바울은 무명의 신자에게 이 말을 듣고 자기 마음에 새겼으며, 다시 에베소 장로들에게 말했다.

바울이 이 말씀에 사로잡힌 것은 어쩌면 당연한 일이었다. 그는 주는 방법을 아는 사람이었기 때문이다. 그래서 에베소 교인들에게 이렇게 말했다. "도둑질하는 자는 다시 도둑질하지 말고 돌이켜 가난한 자에게 구제할 수 있도록 자기 손으로 수고하여 선한 일을 하라"(엡 4:28). 돈을 버는 방법에는 세 가지가 있다. 훔치거나(위조 화폐 제조를 포함하여) 벌거나 선물로 받으면 된다. 바울은 세금을 내기 위해서만이 아니라 이웃을 구제하기 위해 일하라고 충고한다. 자신과 동역자들의 생활을 돕기 위해 몸소 일했던 바울이기에 그는 자신이 하는 말의 의미를 너무 잘 알고 있었다(행 20:34).

또 출애굽기 20장 17절에서는 우리의 탐심을 경고하는데, 이 계명은 신명기 5장 21절에 반복된다. 잠언에서는 "이익을 탐하는 자는 자기 집을 해롭게"(잠 15:27) 한다고 했고 예수님은 제자들에게 "삼가 모든 탐심을 물리치라 사람의 생명이 그 소유의 넉넉한 데 있지 아니하니라"(눅 12:15)고 경고하셨다. 히브리서에는 "돈을 사랑하지 말고 있는 바를 족한 줄로 알라 그가 친히 말씀하시기를 내가 결코 너희를 버리지 아니하고 너희를 떠나지 아니하리라 하셨느니라"(히 13:5)고 했다. 신명기 31장 6, 8절과 여호수아 1장 5절을 인용한 구절이다.

마음에 품는 분노가 살인이고(마 5:21-26) 마음으로 하는 음욕이 간음이듯이(마 5:27-30) 탐심은 우상 숭배다(골 3:5). 돈을 숭배하며 사람, 물질, 자기 자신을 숭배하는 그리스도인은 성경에서 바알 신에게 절했던 사람들과 같은 우상 숭배자다. 시편 115편 1-8절의 경고에 따르면, 영적으로 우상 숭배자들은 그들이 경배하는 신과 마찬가지로 말하거나 듣거나 보거나 냄새 맡지 못하고 움직이지도 못한다. 마태복음 13장 22절은 "재물의 유혹" 때문에 하나님 말씀의 씨앗이 우리 마음에 뿌려져 열매 맺지 못하게 된다고 경고한다. 우리도 욕심을 부리면 부자가 될 수 있다. 그러나 시험과 파멸과 멸망에 빠질지도 모른다. "돈을 사랑함이 일만 악의 뿌리가 되"(딤전 6:9-10)기 때문이다.

성경은 가난한 자를 도와 그들이 사악한 부자나 권세자들에게 착취당하지 않도록 보호하라고 여러 번 강조한다. 예수님은 가난한 사람에게 하는 것이 곧 자신에게 하는 것이라고 하셨다. "내가 진실로 너희에게 이르노니 너희가 여기 내 형제 중에 지극히 작은 자 하나에게 한 것이 곧 내게 한 것이니라"(마 25:40).

주는 것의 결과가 곧 받는 것인 이유는 줄 때 우리가 하나님을 더 닮게 되기 때문이다. 또 다른 이들에게 주고자 하는 더 많은 축복을 받기 위해 마음을 열게 된다. 하나님은 모든 영광을 하나님께 돌리는 후히 베푸는 사람에게 자신의 부를 맡기신다. "우리 주 예수 그리스도의 은혜를 너희가 알거니와 부요하신 이로서 너희를 위하여 가난하게 되심은 그의 가난함으로 말미암아 너희를 부요하게 하려 하심이라"(고후 8:9). 하나의 마음에 은혜와 탐욕이 함께 있을 수 없다. 이스라엘 백성을 위한 모세 율법에는 가난한 사람들에게 베풀라는 명령이 분명히 나오며, 신약 시대의 성도들도 그 구약의 본보기를 따랐다. 그러므로 우리도 마땅히 그래야 한다(행 4:34-35; 11:27-30; 롬 15:25-27; 고후 8-9장).

잘 정돈되고 헌신적인 나눔은 잠깐 살고 마는 세상에 발을 딛고 있는 우리를 속박에서 해방한다. "이는 세상에 있는 모든 것이 육신의 정욕과 안목의 정욕과 이생의 자랑"(요일 2:15-17)이기 때문이다. 나눔은 우리 존재와 소유, 행동에서 드러나는 모든 선한 것이 하나님에게서 온다는 점을 떠올리게 해준다. 분수에 맞지 않게 사치품을 쌓는 데 혈안이 된다면 근심만 늘어갈 것이다(마 6:25-34). 아브라함과 이삭, 야곱은 부자였다. 다윗과 아리마대 요셉도 그러했다. 그러나 그들은 부를 단지 소유하기만 했을 뿐 부가 자신들을 주관하도록 내버려두지 않았다. 헌신된 그리스도인도 충분히 부유할 수 있다. 그러나 그들은 교만과 자랑, 근심과 이기심같이 사람을 병들게 하는 돈의 해악에서는 자유롭다.

그리고 무언가를 나눌 때는 광고하듯 자랑해서는 안 된다. 그런 행동은 교만을 키운다. "사람에게 보이려고 그들 앞에서 너희 의를 행하지 않도록 주의하라 그리하지 아니하면 하늘에 계신 너희 아버지께 상을 받지 못하느니라…너는 구제할 때에 오른손이 하는 것을 왼손이 모르게 하여 네 구제함을 은밀하게 하라 은밀

한 중에 보시는 너의 아버지께서 갚으시리라"(마 6:1, 3-4). 우리는 보상을 세 번이나 받을 수 없다. 한 번은 하나님께 받고, 한 번은 사람들에게서 받고, 다른 한 번은 자기 자신에게서 받는 식으로 할 수는 없다. 비록 그렇다 해도 왼손이 하는 일을 아는 오른손은 우리의 등을 두드리며 우리를 격려해줄 것이다.

여호와께 즐거이 드리는 일은(고후 9:7) 이 땅에서의 삶뿐 아니라 장차 영광 중에 임할 하늘에서의 삶을 위해 배당금이 많은 투자를 하는 것이나 마찬가지다. 이것이 다음에 말할 주제다.

| 영광 중에 계신 예수님을 보는 것이 최고의 축복 |

하나님께 무엇을 드리든 그분이 우리에게 먼저 주셨다는 점을 기억해야 한다. 다윗은 "나와 내 백성이 무엇이기에 이처럼 즐거운 마음으로 드릴 힘이 있었나이까?"라고 질문하면서 "모든 것이 주께로 말미암았사오니 우리가 주의 손에서 받은 것으로 주께 드렸을 뿐이니이다"(대상 29:14)라고 했다. 하나님이 우리에게 주신 것을 이웃에게 주면, 하나님께 드리는 것과 같다(마 25:40). 예수님은 이렇게 명하셨다. "너희를 위하여 보물을 땅에 쌓아 두지 말라 거기는 좀과 동록이 해하며 도둑이 구멍을 뚫고 도둑질하느니라 오직 너희를 위하여 보물을 하늘에 쌓아 두라 거기는 좀이나 동록이 해하지 못하며 도둑이 구멍을 뚫지도 못하고 도둑질도 못하느니라 네 보물이 있는 그곳에는 네 마음도 있느니라"(마 6:19-21). 자신의 마음이 어디에 있는지 알고 싶으면 결제 내역을 확인하고 하늘 은행에는 얼마나 투자했는지 살펴보라.

주는 것이 받는 것보다 복된 이유는 주는 것이 믿음의 행위이며, "믿음이 없이는 하나님을 기쁘시게 하지 못하기"(히 11:6) 때문이다. 하나님 아버지는 예수님에 대해 "내 사랑하는 아들이요 내 기뻐하는 자"(마 3:17)라고 하셨다. 하나님이 나도 그렇게 불러주시면 좋겠다. 우리 모두의 갈망은 하나님이 보시기에 좋은 것을 예수님을 통해 우리 가운데 이루시고, 세세무궁토록 하나님이 그 영광을 받으시는 것이다(히 13:21). 만약 받기 위해서 주는 것이고, 하나님의 영광을 위해 이웃을 축복하는 게 아니라면, 그 나눔은 순수한 동기에서 나왔다고 볼 수 없다. 발명가이자 그리스도인이었던 로버트 르투르노(R. G. LeTourneau, 1888-1969)는 "돈이 되기 때문에 베푼다면 결국 돈을 얻지 못한다"라고 했다. 『사람과 산을 움직인 사람』(*Mover of Men and Mountains*)이라는 자서전을 보면 집을 옮기는 기중기부터 비사일 발사기까지 그가 발명한 제품의 사진이 실려 있다. 그 사진을 볼 때마다 놀라움을 금할 수가 없다. 그는 하나님께 영광을 돌리면서 "나는 주님께 축복받은 기계공에 불과하다"라고 말했다. 그리고 자서전에 받은 사인에는 "마 6:33"라고 적혀 있었다. 그는 말씀에 걸맞은 대단한 인물이었다.

그렇다. 신실한 하나님의 사람에게는 이 땅에서의 상도 있겠지만, 하늘에서 받을 상급도 분명히 있다. "우리가 다 하나님의 심판대 앞에 서리라"(롬 14:10). "이는 우리가 다 반드시 그리스도의 심판대 앞에 나타나게 되어 각각 선악 간에 그 몸으로 행한 것을 따라 받으려 함이라"(고후 5:10). "그러므로 때가 이르기 전 곧 주께서 오시기까지 아무것도 판단하지 말라 그가 어둠에 감추인 것들을 드러내고 마음의 뜻을 나타내시리니 그때에 각 사람에게 하나님으로부터 칭찬이 있으리라"(고전 4:5). 성실한 하나님의 종은 "시들지 아니하는 영광의 관"(벧전 5:4)을 받을 것이다.

현재의 삶과 장차 하늘에서 누릴 복된 미래에서 기쁨 넘치는 삶을 사는 열쇠는 충성이다. "그리고 맡은 자들에게 구할 것은 충성이니라"(고전 4:2). 세상에서 성공했다고 하는 많은 사람이 하늘에 가서 하나님 앞에 섰을 때 불성실한 자라는 판결을 받을지도 모른다. 바울이 디모데에게 전한 충고를 귀담아들으라. "너는 말씀을 전파하라 때를 얻든지 못 얻든지 항상 힘쓰라 범사에 오래 참음과 가르침으로 경책하며 경계하며 권하라…그러나 너는 모든 일에 신중하여 고난을 받으며 전도자의 일을 하며 네 직무를 다하라"(딤후 4:2, 5). 세상이 하나님의 아들과 진리를 거부하고 우리를 대적해도, 우리는 충성을 다해야 한다. 이 땅에서 우리 자신과 우리의 시간과 소유를 많이 나눌수록, 현재는 물론이고 영원한 날에 더 많이 받게 될 것이다.

서머나 교회에 보내는 예수님의 말씀은 오늘 우리에게도 적용된다. "내가 네 환난과 궁핍을 알거니와 실상은 **네가 부요한 자니라**"(계 2:9).

Paradoxes
4

낮아지는 것이 높아지는 것이다

| 교만은 패망의 선봉이요 거만한 마음은 넘어짐의 앞잡이니라 _ 잠 16:18

| 사람아 주께서 선한 것이 무엇임을 네게 보이셨나니 여호와께서 네게 구하시는 것은 오직 정의를 행하며 인자를 사랑하며 겸손하게 네 하나님과 함께 행하는 것이 아니냐 _ 미 6:8

| 너희 중에 큰 자는 너희를 섬기는 자가 되어야 하리라 누구든지 자기를 높이는 자는 낮아지고 누구든지 자기를 낮추는 자는 높아지리라 _ 마 23:11-12

| 또 그들 사이에 그중 누가 크냐 하는 다툼이 난지라 예수께서 이르시되 이방인의 임금들은 그들을 주관하며 그 집권자들은 은인이라 칭함을 받으나 너희는 그렇지 않을지니 너희 중에 큰 자는 젊은 자와 같고 다스리는 자는 섬기는 자와 같을지니라…그러나 나는 섬기는 자로 너희 중에 있노라 _ 눅 22:24-27

| 내게 주신 은혜로 말미암아 너희 각 사람에게 말하노니 마땅히 생각할 그 이상의 생각을 품지 말고 오직 하나님께서 각 사람에게 나누어 주신 믿음의 분량대로 지혜롭게 생각하라 _ 롬 12:3

| 아무 일에든지 다툼이나 허영으로 하지 말고 오직 겸손한 마음으로 각각 자기보다 남을 낫게 여기고 _ 빌 2:3

| 주 앞에서 낮추라 그리하면 주께서 너희를 높이시리라 _ 약 4:10

| 그러므로 하나님의 능하신 손 아래에서 겸손하라 때가 되면 너희를 높이시리라 _ 벧전 5:6

'위'와 '아래'라는 단어는 모두에게 중요하다. 『삶으로서의 은유』에서 조지 레이코프와 마크 존슨은 위치를 나타내는 두 단어가 사실을 전하는 표현으로 어떻게 사용되는지 설명한다. 건강한 사람은 '기력이 솟는다'고 이야기하지만, 아픈 사람은 '기분이 처지고 기운이 떨어진다'고 이야기한다. 혹은 '건강이 최고조야'라고 말하기도 하고, 환자의 건강이 '급격히 저하된다'고 말하기도 한다. 감기나 질병에 걸리면 컨디션이 '떨어지고', 조울증에 걸리면 우울의 나락에 '떨어졌다' 갑자기 감정이 '붕 뜬다.' 혼수상태에 '빠지거나(아래)' '죽어버렸다(아래)'는 표현도 쓴다. 모든 일이 잘되면 '상향 곡선을 그린다'고 말하고, 상황이 좋지 않으면 '내리막길을 걷는다'고 표현한다. 내가 말하려는 게 무슨 뜻인지 알 것이다.[1]

요즘에는 사람들이 겸손과는 거리가 멀고 교만을 조장하는 일에 더 열정이 있는 것 같다. 사람들은 테레사 수녀를 존경하면서도 가수나 영화배우에 더 열광한다. 광고에서는 자기네 제품만 사용하면 누구든지 중요한 사람이나 성공한 사람이 된다고 홍보한다. 성경학자 윌리엄 바클레이(William Barclay)는 "교만은 다른 모든 죄가 자라는 토양이자 모든 죄를 낳는 부모다"라고 했다. 사울 왕은 교만해져서 시기심 가득한 폭군이 되고 말았다. 그는

---

1 George Lakoff and Mark Johnson, *Metaphors We Live By* (Chicago: University of Chicago Press, 1980), 14-18. 『삶으로서의 은유』(박이정).

다윗을 증오한 나머지 죽이려 들었다. 교만해진 다윗은 이스라엘의 인구 조사를 하기 시작했고, 그 결과 7만 명이 죽었다(삼하 24:15). 다윗의 아들 압살롬은 교만 때문에 결국 죽고 말았고, 아들의 죽음으로 다윗은 깊은 슬픔을 느껴야 했다(삼하 13-19장).

'오르고' 싶은 그리스도인은 먼저 '내려가고', 야고보서 4장 10절 말씀에 순종해야 한다. "주 앞에서 낮추라 그리하면 주께서 너희를 높이시리라." 야고보는 하나님의 영광을 위해 높아지고 싶다면 다음 세 가지에 순종하라고 권면한다.

| 참된 겸손을 배양하라 |

'겸손'이라는 말은 '낮은, 땅에 가까운'을 의미하는 라틴어에서 유래했다. 교만한 사람은 자기 자신을 높이며 칭찬과 특별한 관심에 목을 맨다. 그러나 여호와는 교만을 증오하신다(잠 6:16-17; 8:13).

하나님께 거역하고 사탄이 된 천사장 루시퍼가 처음으로 저지른 죄가 바로 교만이었다(사 14:12-15). 지상 최초의 죄는 하와가 저질렀다. 하와는 선악을 알게 하는 나무의 열매를 먹으면 하나님처럼 된다는 사탄의 약속을 믿었다(창 3:1-8).

교만이라는 감정은 죄로 가는 첫걸음일 때가 많다. 자신을 높이고 자신을 기쁘게 하는 일만 생각하는 사람은 스스로 신이 되어 여호와와 자신과 사람들에게 죄를 범한다. 사울 왕은 교만 때문에 하나님의 축복을 상실했으며, 다윗의 아들 압살롬은 교만 때문에 반역자로 돌변하여 결국 죽음을 맞이했다(삼하 15-18장). 헤롯 왕은 교만 때문에 벌레에 먹혀 죽었다(행 12:20-23). 여호와는 "거만한 자를 비웃으시며 겸손한 자에게 은혜를 베푸"(잠 3:34; 약 4:6; 벧전 5:5)신다.

거짓된 겸손은 혐오스러우며 여호와를 근심하게 한다. 우리는 사람들에게 칭찬받고 싶은 마음에 자신을 낮추기도 한다. 예를 들어, 주님이 주신 노래 실력을 모두가 알고 있는데도 "노래는 시키지 마세요. 실력이 별로예요"라고 말하는 사람이 있다. 그는 사람들의 부탁과 간청을 기대하면서 말만 이렇게 한다. 그에게 찬양 봉사를 해달라고 부탁한다면 오히려 진실로 헌신된 봉사자를 실망하게 할 수 있다. 그러나 만약 그를 무시하고 다른 사람을 세웠다간, 그 교만한 사람이 토라져서 문제를 일으킬지도 모른다.

겸손은 자기 자신을 탐탁지 않게 여기는 태도가 아니라 자신을 아예 생각하지 않는 것이다. 이사야는 자신의 잘못을 알았지만 하나님이 부르셨을 때 "내가 여기 있나이다 나를 보내소서"(사 6:8)라고 대답했다. 여호와는 이사야를 정결히 씻기시고 주의 일을 하도록 준비시키셨다. 더 겸손해지는 것은 신자와 하나님 사이의 문제다. 오직 하나님만이 사람의 마음을 아시고, 그를 용서하고 가르치며 빚으시기 때문이다. 하나님은 사도 바울이 교만해지지 않도록 그의 육체에 가시를 주셨다(고후 12:1-10). 겸손은 우리가 스스로 겸손하다고 생각하는 순간 잃어버리기 쉬운 성품이다. 또 자신의 겸손을 자랑하는 신자와 가까이하는 것은 위험하다. 겸손을 가장한 교만은 사실 마귀가 하는 짓이다.

겸손의 최고 본보기는 주 예수 그리스도다(빌 2:5-12). 예수님에 대해 알고 그분을 사랑할수록 우리는 예수님을 더욱 닮을 수 있다. 예수님이 자신에 대해 하신 말씀을 보라.

- "아무것도 스스로 할 수 없나니"(요 5:19).
- "내가 아무것도 스스로 할 수 없노라"(요 5:30).
- "내가 하늘에서 내려온 것은 내 뜻을 행하려 함이 아니요"(요 6:38).
- "내 교훈은 내 것이 아니요 나를 보내신 이의 것이니라"(요 7:16).
- "내가 스스로 아무것도 하지 아니하고 오직 아버지께서 가르치신 대로 이런 것을 말하는 줄도 알리라"(요 8:28).
- "내가 하나님께로부터 나와서 왔음이라"(요 8:42).
- "나는 내 영광을 구하지 아니하나"(요 8:50).
- "내가 너희에게 이르는 말은 스스로 하는 것이 아니라"(요 14:10).

우리는 하나님의 말씀을 날마다 묵상하고, 기도하며 나누고 이웃을 섬길 때 영적으로 성숙해진다. 그리고 그 결과로 하나님과 우리 자신을 더 잘 알게 된다. 겸손한 사람은 자신을 알고 용납하며, 하나님을 섬기고 영화롭게 하는 일에 헌신하기 때문이다. 자신의 죄를 고백하는 것도 중요하지만 자신만 바라봐서는 겸손한 사람이 되기 어렵다. "만물보다 거짓되고 심히 부패한 것은 마음이라 누가 능히 이를 알리요마는"(렘 17:9). 우리가 하는 자기반성은 신뢰하기가 어렵다. 그러므로 이렇게 기도했던 다윗의 본보기를 따라야 한다. "하나님이여 나를 살피사 내 마음을 아시며 나를 시험하사 내 뜻을 아옵소서 내게 무슨 악한 행위가 있나 보시고 나를 영원한 길로 인도하소서"(시 139:23-24). 시편 19편 12절에서는 "나를 숨은 허물에서 벗어나게 하소서"라고 기도했다. 여기서 "숨은 허물"이란 '자신이 모르고 지은 죄'를 뜻한다.

건강한 자기 성찰은 성경 말씀에 기초한 성령의 인도로 이루어져야 한다. 마틴 로이드 존스(Martyn Lloyd-Jones)가 말한 "병적인 자기 성찰"[2]은 피해야 한다. 주의하지 않으면 자신의 죄에 너무 오래 집중하여 사탄에게 우리를 정죄하고 넘어지게 할 기회를 주게 된다. 하늘 아버지께 자백하고 내려놓은 죄는 이미 용서받았고, 더 기억되지 않는데 말이다(요일 1:9, 히 8:12, 10:17). 이 진리를 반드시 기억해야 한다. 그리고 스가랴 3장 1-5절을 더 깊이 묵상해보라.

당신은 진정으로 겸손한 사람인가? 다음 질문에 솔직하게 대

2 D. Martyn Lloyd-Jones, *Faith on Trial* (Grand Rapids: Eerdmans 1965), 66.

답해보라. 당신은 칭찬이나 비판에 어떻게 반응하는가? 어떤 사람이 당신을 완전히 무시하면, 관심을 끌고자 노력하는가? 혹은 다른 사람과 자신을 자주 비교하며, 속으로 그들을 비판하고 자신을 칭찬하지는 않는가? 교만은 질투를 일으키며 질투는 비판을 야기한다. 당신은 자신을 판단할 때보다 남을 판단할 때 더 엄격하지 않은가? 비판에 능한가 아니면 남을 칭찬하고 격려하려고 애쓰는가? 다른 사람을 용서하려고 애쓰는가 아니면 원한을 품는가? 익명으로 남을 도울 기회가 있으면 기분이 좋은가 아니면 갖은 생색을 내며 사람들의 관심을 얻으려고 애쓰는가(마 6:1-4)? 남들이 부러워할 만한 지식을 하나님이 주셨다면 그 지식을 뽐내는가 아니면 묵묵히 이웃을 돕는 일에 사용하는가? 성공회 목회자인 제레미 테일러(Jeremy Taylor, 1613-1667)는 "지식에 대한 자랑은 세상 최고의 무지다"라고 했다. 토머스 머튼(Thomas Merton, 1915-1968)은 "교만은 우리를 인위적인 사람이 되게 하지만 겸손은 우리를 참된 사람이 되게 한다"라고 했다.

다음 구절을 깊이 묵상하면 큰 유익이 있을 것이다.

- "여호와께서는 높이 계셔도 낮은 자를 굽어살피시며 멀리서도 교만한 자를 아심이니이다"(시 138:6).
- "지극히 존귀하며 영원히 거하시며 거룩하다 이름하는 이가 이와 같이 말씀하시되 내가 높고 거룩한 곳에 있으며 또한

통회하고 마음이 겸손한 자와 함께 있나니 이는 겸손한 자의 영을 소생시키며 통회하는 자의 마음을 소생시키려 함이라"(사 57:15).

- "무릇 마음이 가난하고 심령에 통회하며 내 말을 듣고 떠는 자 그 사람은 내가 돌보려니와"(사 66:2).
- "심령이 가난한 자는 복이 있나니 천국이 그들의 것임이요"(마 5:3). (예수님은 인위적인 겸손을 의미하는 '심약한'이 아니라 하나님의 위대하심과 우리의 부족함을 통감하는 진정한 겸손을 의미하는 '심령이 가난한 사람'이라고 하셨다.)

| 온전한 정직을 실천하라 |

"여호와께서 보시기에" 겸손하다는 말은 여호와와 사람들 앞에서 정직하게 산다는 의미다. 그 반대는 위선이다. 상황에 따라 다른 모습을 보이고, 자신과 전혀 다른 사람인 척하는 것을 말한다. 솔로몬은 "자기의 죄를 숨기는 자는 형통하지 못하나 죄를 자복하고 버리는 자는 불쌍히 여김을 받으리라"(잠 28:13)고 경고했다. 다윗은 자신의 죄를 거의 1년 동안 감췄다가 큰 괴로움을 겪었다(시 32:3-5). 또 아간은 여호와를 속이고 노략물을 장막에 감췄다가 사실이 발각되어 자신만이 아니라 (함께 공모했을 게 분명한) 가족까지 모두 몰살당했다(수 7장). 아나니아와 삽비라는 하나님의 소유를 훔치고 거짓말했다가 목숨을 잃고 말았다(행 5:1-11). 이처럼 정직하지 않은 행동은 위험하다.

하나님은 자신의 백성을 항상 지켜보신다. "여호와의 눈은 어디서든지 악인과 선인을 감찰하시느니라"(잠 15:3). 유대인은 이방 우상에 대해 눈이 있어도 보지 못한다고 조롱했다(시 115:5). 그러나 이스라엘 역시 여호와가 자신들의 모든 행위를 아시고 징계를 내리실 수도 있다는 사실을 잘 알면서도 공공연히 죄를 범했다. 우리는 어떤가? "귀를 지으신 이가 듣지 아니하시랴 눈을 만드신 이가 보지 아니하시랴"(시 94:9)?

우리가 "여호와께서 보시기에" 겸손하게 살 수 있는 이유는, 여호와가 우리를 안전하게 보호하려고 항상 지켜보시기 때문이다. "여호와는 그를 경외하는 자 곧 그의 인자하심을 바라는 자를 살피사"(시 33:18). 이집트를 떠나 기적처럼 홍해를 건너고, 요단강을 건너 가나안에 이르기까지 이스라엘 백성은 40년 동안 날마다 하나님의 보호와 공급을 받았다. 하나님은 그들이 적을 무찌르고 약속의 땅을 차지하도록 도우셨다. 나 역시 아내와 수천 킬로미터를 다니며 사역하는 동안, 하나님의 은혜로 모든 여정마다 안전하게 집으로 돌아올 수 있었다. 고속도로를 달리든 하늘 위를 날든, 나는 언제나 하나님의 돌보심을 신뢰했다. 물론 때로는 일정이 지연되거나 취소된 적도 있었다. 그러나 우리의 삶과 짐, 우리의 시간은 언제나 능하신 하나님의 손에 있었다(시 31:15). 하나님은 그렇게 계속 이스라엘 땅을 돌봐주셨고(신 11장) 그들이 주의 법에 순종하는 한 그들을 안전하고 형통하게 하셨다.

하나님은 우리 삶의 방향을 바로잡아주시려고 우리에게 시선을 고정하신다. "내가 네 갈 길을 가르쳐 보이고 너를 주목하여 훈계하리로다"(시 32:8). 하나님은 우리가 급히 서두르는 말이나 고집 부리며 뒤처지는 노새처럼 되지 않기를 바라신다(시 32:9). 목자의 음성을 알고 목자를 따르며 순종하는 양처럼 행동하는 것이 가장 바람직하다(요 10:4).

여호와는 모든 것을 보는 눈으로 우리를 감찰하신다. "그는 사람의 길을 주목하시며 사람의 모든 걸음을 감찰하시나니"(욥 34:21; 시 139:1-6, 23-24절 참고). 나는 어릴 때 학교에 가기 전에 어머니의 엄격한 검사를 통과해야만 문을 열고 나갈 수 있었다. 어머니는 항상 나의 손과 얼굴은 깨끗한지, 내가 이를 닦았는지, 깨끗한 손수건을 지녔는지 점검하셨다. 하나님은 자녀가 최선을 다할 수 있도록 가장 좋은 상태를 유지하기 바라신다. 그래서 우리는 날마다 여호와를 묵상하는 시간을 보내야 한다. 하나님의 도움을 받아 자신을 성찰하고 자기의 참모습을 보기 위해서다(약 1:21-25).

지금까지는 다소 부정적인 측면만 보았는데, 다른 면에서 보면 우리를 감찰하시는 여호와의 눈에는 사랑이 담겨 있다. 자식을 사랑하는 부모는 언제나 자녀에게 시선을 고정한다. 사랑하는 자녀가 성장하는 모습을 보는 것이 즐겁기 때문이다. 우리 두 딸이 피아노를 배울 때 나와 아내는 매년 열리는 연주회에서 아이들의 연주를 자랑스럽게 감상했다. 예수님이 이 땅에서 세례를 받으셨을 때 하나님 아버지가 느끼셨을 환희는 "이는 내 사랑하는 아들이요 내 기뻐하는 자라"(마 3:17)는 말씀에 고스란히 담겨 있다. 나는 하나님이 나와 내가 하는 사역을 보시며 같은 말씀을 해주시리라 확신한다.

성부 하나님은 우리를 교정하기 위해 세심하게 지켜보신다. 감독이 선수들을 지켜보거나 부모가 아이들이 밥 먹는 모습을 지켜보는 것과 마찬가지다. 느헤미야는 죄를 지은 이스라엘 백성을 고쳐달라고 기도했다(느 1장). 그는 사람들을 데리고 성벽을 재건하기 위해 예루살렘으로 가고 있었다. 그들에게는 하나님의 사랑의 돌봄이 절실하게 필요했다. 그런데 그 사실을 아는가? 하나님은 범죄자를 감시하는 경찰관이 아닌 사랑하는 자녀를 바라보는 부모처럼 우리를 바라보신다. 그리고 우리가 말과 행동으로 하나님께 영광을 돌리는 방법을 깨닫기 바라신다.

또한 하나님은 우리가 온전해지기를 바라신다. "그러므로 하늘에 계신 너희 아버지의 온전하심과 같이 너희도 온전하라"(마 5:48). 예수님이 말씀하시는 온전함은 죄가 없는 것을 말하는 게 아니다. 그것은 예수님을 다시 만날 때까지 절대 도달할 수 목표다(요일 3:1-3). 그분이 하신 말씀은 그리스도인의 성숙함과 삶의 온전함에 관한 것이다. 온전함에 해당하는 헬라어 카타르티조(*katartizō*)에는 여러 의미가 있다. 그중 네 가지만 정리하면 '군인을 전투에 대비시킴, 항해를 위해 배를 정비함, 부러진 뼈를 맞춤, 그물을 보수함'과 같은 의미가 있다. 성령님은 하나님의 자녀가 성숙해지도록 여러 가지 '신앙 도구'를 사용하신다. 예를 들면, 하나님의 감동으로 된 말씀(딤후 3:16-17), 기도(고후 13:9; 살전 3:10), 교회 사역(엡 4:11-16), 개인의 고난(벧전 5:10)이 있다. 그래서 히브리서 13장 20-21절의 기도가 이 시대에 절실히 필요하다. "평강의 하나님이 모든 선한 일에 너희를 온전하게 하사 자기 뜻을 행하게 하시고 그 앞에 즐거운 것을 예수 그리스도로 말미암아 우리 가운데서 이루시기를 원하노라 영광이 그에게 세세무궁토록 있을지어다 아멘."

| 기쁜 승리를 기대하라 |

우리가 믿음으로 겸손하게 낮아지면, 하나님은 우리를 승리 가운데로 올려주신다. 그러나 하나님은 칭찬받으라고 우리를 높여주시는 게 아니다. 이웃을 섬기고 예수님께 영광을 돌리라고 우리를 높여주시는 것이다. 예수님은 "너희 중에 큰 자는 너희를 섬기는 자가 되어야 하리라"(마 23:11)고 말씀하시기도 했고, 제자들의 발을 씻기시며 자신을 낮추셨다(요 13장). 앤드류 머레이는 "모두의 종이자 돕는 자가 되신 일이야말로 가장 거룩한 일"이라고 했다. 겸손은 순종으로 이끌며 순종은 사랑을 드러낸다. 사도 바울은 '모든 겸손과 눈물로 주를 섬겼다'고 했다(행 20:19). 우리의 섬김이 이 땅에서 바로 인정받거나 보상받지 못할 수도 있다. 그러나 기록된 대로, 언젠가 하늘에서 우리에게 허락된 상급을 받을 날이 반드시 올 것이다.

나에게 참된 복이 되어주었던 그리스도인들을 떠올려보면, 그들은 하나같이 겸손한 종의 마음을 품고 있었다. 젊은 목사였을 때 나는 조언을 구하고자 연륜이 있는 선배 목사님들에게 전화를 걸거나 직접 찾아가서 대화를 나누었다. 내가 무척 성가셨을 텐데도 그분들은 참을성 있게 내 말에 귀를 기울여주고 자신의 지혜를 나누어주었다. 세월이 흘러, 이제는 내가 후배 목사님들에게 상담을 해준다. 그들의 말을 경청하며 그들을 격려해주고 함께 기도하는 일이 얼마나 즐거운지 모른다! 찰스 스펄전(Charles Spurgeon)은 "심령이 가난한 사람은 비워지고 다시 채워질 준비가 된 사람이다"라고 했다.

아브라함과 사라는 나이도 많고 무명이었으나, 하나님은 히브리 민족의 시조로 그 두 사람을 택하셨다. 그들이 스스로 자신을 낮추자 하나님은 그들을 높여주셨다. 요셉은 이집트 노예였다 죄수가 될 정도로 낮아졌으나 하나님은 그를 총리의 자리로 높이셨다. 모세는 이집트에서 도망 나와 미디안에서 양을 치는 목자 신세로 전락했으나 하나님은 유대 민족을 속박에서 구원하고 율법을 전하는 일에 모세를 사용하셨다. 모세의 겸손한 종이었던 여호수아는 군대의 사령관으로 활약하다 모세를 잇는 후계자가 되었다. 그뿐만 아니라 하나님은 평범한 목자였던 다윗을 거인을 물리치고 군대를 이끄는 일에 사용하셨다. 이처럼 히브리서 11장에는 자신을 낮추었다 하나님과 그분의 백성을 위한 놀라운 일에 쓰임 받은 사람들이 나온다. 하나님이 그들을 들어 올리신 이유는 그들을 유명 인사로 만들기 위해서가 아니라 그들을 통해 사람들을 구원하고 영광을 얻으시기 위해서였다. 그들은 유명인이 아니라 하나님의 종이었다.

예수님의 어머니 마리아는 이 진리를 알고 이렇게 찬양했다. "권세 있는 자를 그 위에서 내리치셨으며 비천한 자를 높이셨고 주리는 자를 좋은 것으로 배불리셨으며 부자는 빈손으로 보내셨도다"(눅 1:52-53).

찰스 스펄전은 이렇게 말했다. "자신을 과소평가하는 것은 겸손이 아니다. 겸손은 하나님이 우리를 생각하시는 방식으로 우리 자신을 바라보는 것이다. 우리에게 재능이 있다면, 하나님이 그 재능을 우리에게 주셨기 때문이다. 배에 실린 화물처럼 겸손은 우리를 가라앉게 한다. 많이 겸손할수록 우리는 더 낮아진다."[3]

---

3 C. H. Spurgeon, *The New Park Street Pulpit*, vol. 2 (Grand Rapids: Baker, 1990), 350.

Paradoxes 5

우리의 어리석음이 하나님의 지혜다

주 앞에서 낮추라 그리하면 주께서 너희를 높이시리라 _ 약 4:10

십자가의 도가 멸망하는 자들에게는 미련한 것이요 구원을 받는 우리에게는 하나님의 능력이라 기록된바 내가 지혜 있는 자들의 지혜를 멸하고 총명한 자들의 총명을 폐하리라 하였으니 지혜 있는 자가 어디 있느냐 선비가 어디 있느냐 이 세대에 변론가가 어디 있느냐 하나님께서 이 세상의 지혜를 미련하게 하신 것이 아니냐 하나님의 지혜에 있어서는 이 세상이 자기 지혜로 하나님을 알지 못하므로 하나님께서 전도의 미련한 것으로 믿는 자들을 구원하시기를 기뻐하셨도다 유대인은 표적을 구하고 헬라인은 지혜를 찾으나 우리는 십자가에 못 박힌 그리스도를 전하니 유대인에게는 거리끼는 것이요 이방인에게는 미련한 것이로되 오직 부르심을 받은 자들에게는 유대인이나 헬라인이나 그리스도는 하나님의 능력이요 하나님의 지혜니라 하나님의 어리석음이 사람보다 지혜롭고 하나님의 약하심이 사람보다 강하니라 형제들아 너희를 부르심을 보라 육체를 따라 지혜로운 자가 많지 아니하며 능한 자가 많지 아니하며 문벌 좋은 자가 많지 아니하도다 그러나 하나님께서 세상의 미련한 것들을 택하사 지혜 있는 자들을 부끄럽게 하려 하시고 세상의 약한 것들을 택하사 강한 것들을 부끄럽게 하려 하시며 하나님께서 세상의 천한 것들과 멸시 받는 것들과 없는 것들을 택하사 있는 것들을 폐하려 하시나니 이는 아무 육체도 하나님 앞에서 자랑하지 못하게 하려 하심이라 너희는 하나님으로부터 나서 그리스도 예수 안에 있고 예수는 하나님으로부터 나와서 우리에게 지혜와 의로움과 거룩함과 구원함이 되셨으니 기록된바 자랑하는 자는 주 안에서 자랑하라 함과 같게 하려 함이라 _ 고전 1:18-31

우리는 정보화 시대에 살고 있다. 클릭 몇 번이면 사람이나 장소, 대상, 행사에 관한 거의 모든 정보를 얻을 수 있다. 그런데 다양한 정보와 이론은 넘쳐나지만, 지혜는 부족하다. 소위 똑똑하다는 사람들은 터무니없는 말과 행동으로 돈을 번다. 기독교 시인 윌리엄 쿠퍼(William Cowper)는 "지식은 많이 배웠다고 자랑하나 지혜는 더는 모른다고 겸손히 말한다"라고 했다. 『영혼의 연금술』(이다미디어 역간)에서 에릭 호퍼(Eric Hoffer)는 "가장 처리하기 힘든 일은 이기심이나 허영, 기만이 아니라 순전한 무지"라고 했다. 나는 엘리엇(T. S. Eliot)이 『반석에서의 합창』(*Choruses from The Rock*)에서 했던 말을 종종 생각한다.

우리가 지식 속에서 잃어버린 지혜는 어디 있는가?
우리가 정보 속에서 잃어버린 지식은 어디 있는가?

고린도 교회에는 몇 가지 문제가 있었다. 일부 교인이 자신들이 무지하다는 것을 모른 채 지식을 자랑했다. 그들은 세상의 지혜를 하나님의 지혜와 혼합하려고 했다. 완전히 잘못된 방법이었다. 그들은 안다고 생각하는 것을 자랑했으나 하나님의 지혜를 아는 일에는 형편없었다.

나는 그동안 교회 세 곳과 선교 단체 세 곳에서 사역해보았으며, 여러 위원회에서 섬겨본 적이 있다. 그런데 나는 오늘날 하나님의 백성도 고린도 교인들과 같은 실수를 범하고 있다고 생각한다. 사람들은 성경을 읽거나 함께 모여 기도하거나 하나님의 지혜를 구하기보다는 성급하게 아이디어를 내놓고 세상이 하는 방식을 따른다. 성령의 인도하심을 잘 받지 못하고, 지혜와 지식을 잘 구별하지 못하는 탓에 당회는 경건한 결정을 내리지 못하고, 의견 충돌과 육신의 욕심에 따른 분열로 끝을 맺는다.

고린도전서 1-2장에서 바울은 '지혜'를 16번, '미련함'을 5번 말했다. 이 두 단어를 집중해서 묵상해야 한다.

| 세상은 하나님의 지혜를 미련하다고 한다 |

알프레드 노스 화이트헤드는 훌륭한 철학자이자 수학자였으나 기독교 메시지는 거부했다. 그는 성경을 알아보려는 노력을 포기하고 성경에는 "자신을 위한 것이 아무것도 없다"라고 말하며, 그 대신 플라톤을 읽었다.[1] 그는 "기독교 신학은 인류 최악의 재앙 중 하나"라고 했다.[2] 솔직히 나는 화이트헤드의 책을 읽고 그에게서 많은 것을 배웠지만, 그가 기독교 신앙을 거부했다는 사

---

1 Lucian Price, *The Dialogues of Alfred North Whitehead* (New York: Little, Brown, and Co., 1954), 182-83.

2 같은 책, 174.

실을 생각할 때마다 안타깝다. 그는 이런 말도 했다. "기독교 신학 중에서도 그리스도인이 말하는 천국은 멍청하기 짝이 없는 생각이다."[3]

그런데 다소의 사울은 어느 날 우연히 그리스도와 십자가를 만났다. 그는 영광의 빛에 눈이 멀었다가 예수님을 자신의 구세주요 주님으로 믿고 결국 사도 바울이 되었다(행 9장). "십자가의 도가 멸망하는 자들에게는 미련한 것이요 구원을 받는 우리에게는 하나님의 능력이라"(고전 1:18). 바울은 그리스도와 십자가를 전했다는 이유로 핍박을 받았으나 잃어버린 죄인들을 구원하기 위한 하나님의 권능의 증거인 십자가 외에는 아무것도 자랑하지 않았다(갈 6:12-14).

이렇듯 바울은 십자가에 달리신 그리스도를 본받고, 그분의 삶과 섬김의 비밀을 따랐다. 그는 "내가 그리스도와 함께 십자가에 못 박혔나니 그런즉 이제는 내가 사는 것이 아니요 오직 내 안에 그리스도께서 사시는 것이라"(갈 2:20)고 고백했다. 그리스도 때문에 완전히 다른 사람이 된 것이다. 성경은 무지한 상태로 있으라고 권하지 않는다. 오히려 지식을 바르게 사용하기 위해 지혜를 기르라고 격려한다. 물론 우리는 과학 지식으로 놀라울 만한 업적을 달성했다. 특히 의학의 발달로 우리는 많은 혜택을 누리

---

3 같은 책, 277.

고 있다. 그러나 여호와를 배제하고 그분이 주신 것을 무시하며 스스로 영광을 취하는 과학은 잘못이다. 하나님은 우리가 하나님의 축복을 누리며 그분께 온전히 영광을 돌리기 바라신다. 돈을 들여 잠들 수 있을지는 몰라도, 진정한 마음의 평안은 얻을 수 없다. 또 몸에 묻은 얼룩을 제거하고 때를 씻을 수는 있어도, 하나님의 능력 없이는 생각을 새롭게 하고 마음을 정결하게 하지 못한다.

이 글을 쓰면서, 무고한 사람이 목숨을 잃고 많은 자산이 파괴되며, 자유가 사라진 위험 지대가 전 세계에 44곳이나 된다는 뉴스를 들었다. 인간이 만든 약으로는 죄로 가득한 인간의 마음을 절대 변화시킬 수 없다. 오직 예수 그리스도의 피만이 우리를 모든 죄에서 깨끗하게 하신다(요일 1:7).

성경을 보면 하나님의 지혜를 거부하고 이 세상의 '지혜'에 의존했던 미련한 인간이 곳곳에 등장한다. 그 예로, 하와는 여호와의 명령을 어기고 남편 아담까지 금지된 나무의 열매를 먹게 했다(창 3장; 딤전 2:14). 그뿐인가? 하나님께 반항하며 바벨탑을 세운 어리석은 건축가들도 있다(창 11:1-9). 그러나 이들이 하나님께 대항하려 했던 시도는 모두 수포로 돌아갔다. 창세기에 나온 바벨탑의 혼란부터 요한계시록 18-19장에 나온 바벨론의 멸망까지, 여호와의 계획과 명령을 따르지 않으려는 인간의 모든 시도는 실패했다. "어떤 길은 사람이 보기에 바르나 필경은 사망의 길이니라"(잠

14:12).

예수님은, 언젠가는 죽는다는 사실을 잊고 재물을 쌓는 데 열중했던 어리석은 부자에 대해 말씀하셨다(눅 12:13-21). 반석 위에 집을 지었다면 모든 재산을 지켰을 텐데 모래 위에 집을 지어 모든 재산을 잃어버린 어리석은 사람의 비유도 말씀하셨다(마 7:24-27). 반석 위에 집을 짓는다는 것은 하나님의 뜻에 순종한다는 뜻이다. 예수님을 인생의 기초로 삼지 않는 것은 너무 어리석은 일이 아닌가. 또 예수님은 신랑이 오기를 기다리며 등에 담을 기름을 준비하지 않은 다섯 처녀를 미련하다고 하셨다(마 25:1-13). 신약에서 또 다른 예를 찾아보면, 사도행전 27장에 하나님의 뜻에 순종하기를 거부한 어리석은 리더들 때문에 풍랑에 침몰한 배 이야기가 나온다. 바울은 이대로 항해하면 풍랑에 배가 난파될 수 있다고 백부장과 선장과 선주에게 경고했다. 그러나 백부장은 바울보다 '전문가'를 더 신뢰했고, 다른 사람들도 출항을 원했다. 남풍이 순하게 불어(행 27:13) 뱃사람들은 항해가 순탄하리라고 예상했으나 그들은 태풍 한가운데로 돌진하고 말았다. 이처럼 가장 어리석은 바보는 이렇게 말하는 사람이나. "어리석은 자는 그의 마음에 이르기를 하나님이 없다 하는도다"(시 14:1).

이 세상의 '지식'과 이 세상의 '지혜'에는 큰 차이가 있다. 성경 어디에도 인간의 지식을 비난하는 말은 없다. 하나님은 놀라운 우주와 지구를 만드시고, 남자와 여자라는 인류까지 지으셨다.

하나님의 창조 법칙과 원리는 매우 정확하며, 우리는 그것에 기초하여 모든 과학적 시도를 할 수 있다. 하나님의 형상인 우리는, 사고할 수 있는 두뇌가 있고, 피조물에 대한 지배권이 있으며, 하나님의 손으로 지어진 각종 보물과 만물을 사용하고 누릴 수 있다(창 1:26-30; 시 8편). 그래서 지혜란 하나님의 선물을 그분이 명령하신 대로 하나님의 영광을 위해 사용하는 '지식의 바른 사용'을 의미한다. 그러나 이 세상은 지혜롭지 못한 방식으로 모든 것을 운용한다. 그중 하나가 우리 몸과 이 세상의 자원인데, 이것들은 계속 파괴되고 훼손되고 있다. 물과 공기는 오염되었으며, 귀중한 자원은 고갈되고 있다. 또 이 땅의 동식물도 큰 고통을 겪고 있다. 하나님이 주신 환경이 허비되고 있는 것이다.

이 세상 지혜로만 사는 사람들의 눈에는 성경을 믿고 믿음으로 사는 그리스도인이 바보처럼 보일 것이다. '과학계'는 실험을 통해 자신들만의 '경전'을 써내려간다. 그들은 그 모든 과학 원리가 작동하는 지구와 온 우주를 만든 분이 성경을 쓰신 하나님이라는 사실을 망각한 것이 분명하다. 과학 법칙도 사실은 하나님이 세우신 법칙이다. 만약 미 항공우주국이 이 법칙을 무시했다면 우주 탐사를 하지 못했을 것이다. 거시적인 과학뿐만 아니라 우리의 실생활에서도 하나님의 지혜가 필요하다. 결혼 생활을 유지하고 자녀를 양육하며, 일이나 사업을 하고 교회를 세우는 일 모두 하나님의 지혜가 있어야만 참으로 형통할 수 있다. "여호와께서 집을 세우지 아니하시면 세우는 자의 수고가 헛되며"(시 127:1).

| 하나님이 보시기에 세상의 지혜는 미련하다 |

바울은 담대하게 말했다. "하나님을 알되 하나님을 영화롭게도 아니하며 감사하지도 아니하고 오히려 그 생각이 허망하여지며 미련한 마음이 어두워졌나니 스스로 지혜 있다 하나 어리석게 되어"(롬 1:21-22). 자신의 '지혜'에 빠진 사람들은 살아 계신 하나님 대신 인간이 만든 죽은 우상을 세웠다. 사회학자들은 '종교'가 무수히 많은 신과 우상에 대한 경배에서 시작하여 유일하고 참되시며 살아 계신 하나님에 대한 믿음으로 향한다고 말하지만 실상은 그 반대다. 인간은 참 하나님에 대한 명확한 지식에서 시작하지만, 인간이 만든 신들을 경배하느라 하나님을 거부한다.

이 세상은 사람들의 삶을 조종하는 죽은 우상들, 즉 돈과 재산, 연예인과 영웅, 스포츠, 지위와 권위, 명예와 업적, 쾌락, 학위 등으로 가득 차 있다. 어떤 사람들은 영원하신 하나님 대신 '시스템'을 숭배하여 종교에서 또 다른 우상을 만들어낸다. 살아 계신 참 하나님 외에 우리가 신뢰하고 삶의 목적을 두는 것이 있다면, 그것이 바로 우상이며 삶에서 반드시 제거해야 한다. 우상 숭배는 무지에 따른 불신에서, 살아 계신 참 하나님에 대한 경배는 믿음과 순종에서 자라난다.

세상의 많은 '위대한' 사람이 교만을 성공의 필수 요소라고 생각한다. 성공하려면 중요한 인물이 되어야 하고, 자신이 얼마나 중요한 사람인지를 사람들에게 알려야 한다는 논리다. 그러나 예수님은 "심령이 가난한 자는 복이 있나니 천국이 그들의 것임이요"(마 5:3)라고 하셨다. 솔로몬 왕은 "교만이 오면 욕도 오거니와 겸손한 자에게는 지혜가 있느니라"(잠 11:2)고 했다. 또 성경에 나오는 진짜 위대한 인물들은 자신을 드러내지 않고 여호와께 영광을 돌렸다. 하나님은 여호수아에게 "너를 온 이스라엘의 목전에서 크게 하"(수 3:7)리라고 하셨다. 모세의 후계자가 되는 일은 쉽지는 않았지만 여호수아는 모든 일을 여호와의 손에 맡기고 그 분의 영광을 구했다.

많은 기독교 지도자가 세상을 모방하며 여호와를 높이기보다 자신을 높이는 데 열중한다. 에밀 브루너(Emil Brunner)는 "교만의 죄만큼 우리를 하나님과 이웃에서 단절시키는 효과적인 죄는 없다"라고 설교했다. "모든 죄의 뿌리는 자아를 높이는 것이다."[4] 여호와의 지혜를 무시한 채 세상 방식을 기독교 사역에 도입하는 안타까운 경우도 많다.

그리스도인이 하나님께 지혜를 구하지 않고, 자신이 세운 영리

---

4 Emil Brunner, *The Great Invitation* (Philadelphia: Westminster Press, 1955), 61.

한 계획에 하나님 축복이 있기를 바라는 것도 무척이나 불쌍한 일이다. 다윗은 여호와의 궤를 제사장의 어깨에 메게 하는 대신, 블레셋 사람들이 했던 대로 수레에 싣고 예루살렘으로 옮기려고 했으나 성공하지 못했다(삼하 6장). 르호보암 왕은 노련한 장로들의 조언 대신 세상 지혜를 가진 젊은 친구들의 조언을 따랐다가 나라가 분리되는 일을 겪었다(왕상 12장). 하나님의 인도하심이 아니라 세상 방법을 선택한 교만한 리더 때문에 사역이 실패하는 경우도 종종 있다. 나는 신학교에 입학한 날부터 지금까지 하나님의 생각만을 구하려고 애썼다. 물론 실수도 많이 했지만, 그 과정에서 하나님께 은혜의 인도와 공급을 받았다. 그리고 하나님이 그런 나를 통하여 영광을 받으셨다고 생각한다.

우리는 세상의 지식을 최대한 많이 습득해야 한다. 그러나 그 지식을 처리하고 사용하려면 하나님의 지혜가 필요하다. 로버트 머리 맥체인(Robert Murray M'Cheyne)은 친구에게 이런 편지를 보냈다. "우리는 주의해서 고전을 읽어야 한다. 물론 고전을 잘 알아야 하는 것은 맞다. 하지만 독성 물질을 다루는 화학자가 독이 몸에 들어가지 않도록 조심하며 실험하듯이 고전을 내해야 한다."[5] 초신자였던 10대 시절의 나에게 YFC의 창립자 토리 존슨(Torrey Johnson) 목사님이 이렇게 말씀하셨다. "할 수 있는 한 모든 것을

5 Andrew A. Bonar, *Robert Murray M'Cheyne: Memoirs and Remains* (London: Banner of Truth Trust, 1966), 29.

배우고 그것을 보혈 아래 두고 하나님의 영광을 위해 사용해라.” 나는 목사님의 조언을 따랐다. 분명히 효과가 있었다. 다니엘과 세 친구가 바벨론의 ‘지혜’를 습득했으나 이교도의 땅에서 하나님의 증인이 될 수 있었던 이유는, 하나님이 날마다 필요한 지혜를 주실 것이라고 신뢰했기 때문이다.

| 그리스도인에게 하나님의 미련함은 참된 지혜다 |

자신의 죄에 빠진 사람들은 복음을 미련하다고 생각하며 복음을 믿는 사람들을 바보라고 생각한다. 그들은 대부분 성경을 읽어본 적이 없고 예수님이 어떤 분인지, 자신을 위해 어떤 일을 하실 수 있는지 진지하게 생각해본 적이 없다. 여기저기서 주워 모은 잡다한 불가지론의 쓰레기를 토대로 판단하며, 누가 복음에 대해 들어보라고 권하면 ‘중요한 일이 있다’고 변명한다. 그들은 예수님을 스스로 하나님이라고 주장하고 로마의 십자가에 범죄자로 달려 죽은, 실직 상태의 유대 목수에 불과하다고 여긴다. 또 예수님이 죽었다가 부활하여 천국으로 돌아가셨다는 추종자들의 허무맹랑한 주장을 많은 사람이 잘 몰라서 믿은 것뿐이라고 생각한다. 세상의 눈으로 보면 예수님에 관한 것이 처음부터 끝까지 어리석은 이야기다.

그러나 그리스도인은 '지혜로운 바보'가 되어야 한다. 비록 십자가의 도가 불신자에게는 미련해 보일지라도, 예수 그리스도를 신뢰하고 하나님의 말씀을 받아들인 우리에게는 지혜롭다. 아마도 그들은 우리를 미련한 바보로 볼 것이다.

복음은 은혜로만 이해할 수 있는 메시지다. 그 은혜를 구원받지 못한 사람은 절대 이해할 수 없다. 대체 하나님은 왜 인간이 되어 고통받고 죽으셔야 했는가? 어떻게 누군가의 죽음이 오늘의 사람들에게까지 영향을 끼칠 수 있는가? 겉으로 보기에 십자가는 승리가 아니라 패배 같다. 사람들은 자기 힘으로, 자기가 원하는 것을 위해 일하고, 값없이 주어지는 용서라는 선물을 무시한다. 그들은 치욕스러운 십자가와 구원의 선물 사이에서 씨름하며 은혜로 얻는 구원의 원리를 도무지 이해하지 못한다. 오직 우리의 기도와 성령의 역사가 있어야만 그들의 눈이 밝아져 진리를 이해할 수 있게 될 것이다. 은혜로 받는 구원은 인간의 관점으로는 전혀 논리적이지 않지만, 이 구원은 사실이자 지금도 일어나는 하나님의 일이다. 먼저 사람들에게 머리로 이해시키려 하기보다 그들의 마음이 움직이도록 기도해야 한다.

우리가 의지할 분은 성령님 한 분이다(행 1:8). 바울은 고린도전서 1-3장에서 성령을 8번 언급하는데 바울이 쓴 내용은 예수님이 다락방에서 제자들에게 하신 말씀과 일맥상통한다(요 14:15-18; 15:26-16:15). 성령님은 믿는 사람 안에서, 믿는 사람을 통해 일하시며, 구원받지 않은 사람에게는 그들이 지은 죄와 그들에게 그리스도가 필요하다는 사실을 일깨우신다. 복음을 제시하는 영리한 방식을 의지하지 말고 성령의 역사를 의지하라(고전 2장). 성령께 배우고 성령의 인도하심을 받아야 한다. 바울은 예수님과 십자가를 아무런 꾸밈없이 명확히 제시하는 복음 선포를 강조했다(고전 1:18-2:5). 왜일까? 설교자가 아닌 오직 예수 그리스도께만 영광 돌리기 위해서였다. 세상의 지혜와 혼합된 복음은 아무런 능력이 없다(고전 1:18-23).

과거 시카고의 일부 언론은 복음 전도자 드와이트 무디(Dwight L. Moody)를 '미친 무디'라고 부르면서 영혼을 얻기 위한 그의 노력을 폄하했다. 당시의 기자들과 신문 매체는 오늘날 모두의 기억에서 사라졌지만, 무디의 사역은 지금도 계속된다. 무디는 복음 전도에 전념하기 위해 성공적으로 운영하던 신발 사업을 중단했다. 하나님은 그의 믿음과 순종을 존귀하게 보셨다.

성경에서도 그런 예를 찾아볼 수 있다. 바로와 이집트 군대는 홍해에 다다른 이스라엘 백성을 보며 한바탕 웃었을 것이다. 그러나 하나님이 홍해를 가르셨고 이스라엘 백성은 마른 땅을 건넜으며, 이집트 군대는 모두 익사했다. 또한 여리고 성 주민들은 날마다 성을 도는 이스라엘 사람들을 보며 비웃었을 것이다. 그러나 여리고 성이 무너지고 여리고를 쟁취하여 최후에 웃은 사람은 여호수아와 이스라엘 백성이었다(수 6장).

하나님의 백성은 하나님이 모든 영광을 받으시도록, 그리스도를 위해 바보로 불리기를 기꺼이 선택하는 '지혜로운 바보'가 되어야 한다(고전 4:10).

Paradoxes
6

가만히 있는 것이 앞으로 나아가는 것이다

| 소년이라도 피곤하며 곤비하며 장정이라도 넘어지며 쓰러지되 오직 여호와를 앙망하는 자는 새 힘을 얻으리니 독수리가 날개 치며 올라감 같을 것이요 달음박질하여도 곤비하지 아니하겠고 걸어가도 피곤하지 아니하리로다 _ 사 40:30 – 31

| 여호와께서 이르시되 내가 친히 가리라 내가 너를 쉬게 하리라 _ 출 33:14

| 나는 말하기를 만일 내게 비둘기같이 날개가 있다면 날아가서 편히 쉬리로다 _ 시 55:6

| 그러므로 내가 너희에게 이르노니 목숨을 위하여 무엇을 먹을까 무엇을 마실까 몸을 위하여 무엇을 입을까 염려하지 말라 목숨이 음식보다 중하지 아니하며 몸이 의복보다 중하지 아니하냐…너희 중에 누가 염려함으로 그 키를 한 자라도 더할 수 있겠느냐…그런즉 너희는 먼저 그의 나라와 그의 의를 구하라 그리하면 이 모든 것을 너희에게 더하시리라 _ 마 6:25, 27, 33

| 너는 여호와를 기다릴지어다 강하고 담대하며 여호와를 기다릴지어다 _ 시 27:14

| 나의 영혼아 잠잠히 하나님만 바라라 무릇 나의 소망이 그로부터 나오는도다 오직 그만이 나의 반석이시요 나의 구원이시요 나의 요새이시니 내가 흔들리지 아니하리로다 _ 시 62:5 – 6

| 공의의 열매는 화평이요 공의의 결과는 영원한 평안과 안전이라 _ 사 32:17

어느 대학 교수가 복잡한 기차역에서 유명한 중국 연사를 만났다. 교수는 손님을 맞이하며 말했다. "얼른 뛰어서 다음 열차를 타면 3분을 아낄 수 있어요." 그 말을 듣고 상대방이 조용히 질문했다. "3분을 아껴서 해야 할 중요한 일이라도 있습니까?" 교수가 어떻게 대답했는지는 알려지지 않았지만, 이 일은 그의 교육 철학을 세우는 데 중대한 전환점이 되었다.

어느 교회에서 설교를 하게 된 나는 날마다 속도를 늦추고 하나님과 교제하는 시간을 보내라는 내용을 전했다. 설교를 마치자 예배 인도자가 앞으로 나오더니 "찬송가 420장 '너 성결키 위해' 1절과 4절을 부릅시다"라고 말했다. 4절 전체를 다 부르지도 않았다. 내가 보기에는 그렇게 '절약한' 몇 분으로 해야 할 중요한 일도 없었다. 찬송가 한 절 한 절이 내 설교의 주제와 연결되었기 때문에 나로서는 실망스러웠다.

차를 타거나 비행기로 이동하면서 보면 거의 모든 사람이 바쁘게 걸어가고 그 어떤 방해도 원하지 않는 것처럼 보인다. 미국의 영어 사전에서 '빠르다'(fast)는 단어는 매우 중요하다. 고속도로에는 2명 이상 탑승한 차량을 위한 '추월 차선'(fast lanes)이 있다. 농구 용어에 '속공'(fast break)이 있고 야구에는 '강속구'(fastball)라는 단어가 있다. 그뿐인가? 쉽게 번 돈을 뜻하는 '패스트 벅'(fast buck)이나 빠르게 먹을 수 있는 간편한 음식이란 뜻의 '패스트푸드'(fast food)도 있다. 내가 설교했던 앞서 말한 그 교회에서는 초단위로 계획된 예배에서 찬양팀이 찬양을 인도하고 광고 담당 목사가 광고를 전했다. '충분한 시간'을 주겠다는 약속을 받았지만 준비한 설교를 끝까지 마무리할 시간이 부족했다.

물론 신앙생활을 하다 보면 서둘러야 할 때가 있다. 그러나 가끔 하는 달리기의 성공 여부는 매일 하는 꾸준한 휴식과 훈련, 식사에 달려 있다. 예수님은 겟세마네 동산에서 잠이 든 베드로에게 "네가 한 시간도 깨어 있을 수 없더냐?"(막 14:37)라고 하신 말씀을 기억해야 한다.

어리석은 경주가 아니라 주 예수 그리스도를 섬기며 날마다 효과적으로 앞으로 나가려면 네 가지 교훈을 명심해야 한다.

| 가만히 있기 |

"너희는 가만히 있어 내가 하나님 됨을 알지어다"(시 46:10). 하나님은 우리가 평온한 마음을 기르기 바라신다. 왜일까? 모든 문제의 근원이 마음에 있기 때문이다. 솔로몬은 "모든 지킬 만한 것 중에 더욱 네 마음을 지키라 생명의 근원이 이에서 남이니라"(잠 4:23)고 했다. 예수님은 "하인이 두 주인을 섬길 수 없나니"(눅 16:13)라고 경고하셨다. 둘로 나뉜 마음은 불순종하는 마음이며 근심 때문에 평안이 없다. 이사야 말씀도 한번 보라. "너희가 돌이켜 조용히 있어야 구원을 얻을 것이요 잠잠하고 신뢰하여야 힘을 얻을 것이거늘"(사 30:15). 하나님은 우리가 주님을 성실하게 따르도록 우리를 쉴 만한 물가로 인도하신다(시 23:2). 시편 46장에서 1-3절에는 두려움을 일으키는 위험한 바닷물이, 4-5절에는 평안을 주는 하나님의 강이 나온다.

마태복음 11장 28-30절에서 예수님은 수고하고 무거운 짐 진 사람들에게 자신에게 와서 쉼을 얻으라고 초청하신다. 예수님이 주실 구원을 신뢰하는 사람에게 그분은 휴식, 즉 바울이 말한 '하나님과의 화평'(롬 5:1)을 주신다. 우리가 날마다 모든 것에 대해 하나님께 순복한다면 하나님을 아는 지식이 자라고 깊은 평안, 즉 "모든 지각에 뛰어난 하나님의 평강"(빌 4:7)을 얻을 것이다. 물론 살다 보면 모든 일이 뜻대로 되지 않는 힘겨운 시기를 지나게 된다. 그럴 때는 마땅히 섬겨야 하는데도 섬길 마음조차 생기지 않는다. 그러나 우리 안이 화평으로 가득하다면 일을 끝마칠 힘이 생겨난다. 감정에 이끌리는 삶은 신뢰할 수도 없고, 믿음으로 사는 삶을 파괴한다. 마음이 심란하면 의지가 마비되어 "기쁨으로 여호와를 섬기"(시 100:2)기가 어려운 법이다. 그럴 때는 찬송가를 펼쳐서 "내 영혼아 잠잠하라!"를 불러보라. 힘을 잃고 낙심한 마음을 치유하는 최고의 약이 될 것이다.

| 가만히 앉기 |

프랑스 철학자 블레즈 파스칼(Blaise Pascal, 1623-1662)은 "인간의 모든 고통은 인간이 방안에 조용히 있지 못하기 때문에 생긴다"라고 했다. 과부인 룻이 기업 무를 자인 보아스에게 나아간 뒤 룻의 시어머니 나오미는 매우 귀중한 조언을 했다. "내 딸아 이 사건이 어떻게 될지 알기까지 앉아 있으라 그 사람이 오늘 이 일을 성취하기 전에는 쉬지 아니하리라"(룻 3:18). 보아스는 우리의 기업 무를 자이신 예수님을 나타내는 인물이다. 하나님이 우리를 위한 뜻을 이루시는 동안 우리는 가만히 앉아서 기다리고 신뢰해야 한다. 룻과 나오미는 로마서 8장 28절을 읽은 적이 없었겠지만 그 내용을 믿고 실천했다. 우리가 명령 내리는 행동을 멈추고 하나님의 길을 방해하지만 않는다면, 하나님은 모든 것이 합력하여 우리의 선과 하나님의 영광이 되게 하실 것이다. 시편 46편 10절은 '네 손을 떼라'고 번역할 수도 있다. 하나님의 뜻에 관여하면 우리를 위한 하나님의 계획을 잃어버릴지도 모른다. 하나님은 그분께 선택권을 맡기는 사람에게 언제나 가장 좋은 것을 주신다.

성경에서 반복되는 질문 중 하나는 '언제까지입니까?'이다. 다윗은 시편에서 "여호와여 어느 때까지니이까 나를 영원히 잊으시나이까 주의 얼굴을 나에게서 어느 때까지 숨기시겠나이까 나의 영혼이 번민하고 종일토록 마음에 근심하기를 어느 때까지 하오며 내 원수가 나를 치며 자랑하기를 어느 때까지 하리이까?"(시 13:1-2)라고 기도했다. 말씀에도 기록되었듯이 하나님은 자신의 백성을 위해 언제나 일하신다. 다만 바쁘게 서두르지는 않으신다. 아브라함과 사라는 약속의 자녀를 얻기까지 25년을 기다렸다. 일을 서두르려고 했다가 그 자신과 이스라엘 민족이 곤경에 처하고 말았다. 여호와가 모세에게 이집트로 돌아가 이스라엘 민족을 구하라고 하셨을 때 모세는 80세였다. 우리 주 예수 그리스도는 30년을 기다린 뒤에야 공생애를 시작하셨다. 일할 때가 있고 기다릴 때가 있다. 그 차이를 알아야 한다.

신학교 때 만난 친구는 나처럼 학교에 다니면서 사역했다. 그만큼 일정을 조율하기가 만만치 않았다. 친구가 사역하는 교회의 교인들은 그에게 학업을 중단하고 교회에서 전임으로 사역하라고 채근했다. 친구는 사람들의 과장된 칭찬을 믿은 나머지 학업을 그만두기 위해 신학교 교무 과장님과 면담 약속을 잡았다. 교무 과장님은 비슷한 일을 많이 경험했기 때문에 대처 방법을 알고 있었다. "하나님은 당신이 오기까지 오랫동안 기다리셨어요. 그러니 당신이 졸업할 때까지 2년 더 기다려주실 거예요. 좋은 목사가 되어 여호와를 섬길 수도 있지만 좋은 학생이 되는 것도 하나님을 섬기는 일이에요. 하나님은 두 가지 일 모두를 축복하세요." 내 친구는 지혜롭게 학교에 남는 편을 택했다. 친구는 교무 과장님의 조언 덕분에 지혜로운 선택을 할 수 있었다.

하나님을 기다리는 일이 때로는 시간 낭비처럼 보일 수 있다. 그러나 하나님은 우리를 위해 일하실 뿐만 아니라 우리 안에서 일하신다. 하나님은 우리를 위해 예비된 일에 우리가 적절히 준비되기를 바라신다(빌 1:6). 우리가 지름길을 택하여 신앙생활에 필요한 훈련을 피한다면, 전쟁에 나가 싸우거나 짐을 지거나 여호와를 영화롭게 할 수가 없다. 하나님은 이스라엘 민족을 이집트에서 나오게 하실 때 지름길로 인도하지 않으셨다(출 13:17-22). 왜 그러셨을까? 노예에서 하나님께 헌신하는 민족으로 변화되기 위해 그들이 반드시 배워야 할 '믿음의 교훈'이 있었기 때문이다. 예수님이 마귀에게 시험을 받으실 때(마 4:1-11) 마귀는 '쉬운 길'을 택하여 십자가를 피하라고 제안했다. 그러나 예수님은 담대히 마귀의 계획을 거절하셨다. 사실 지름길은 빨리 갈 수 있는 대신 일반적인 길보다 더 험난하다. 우리는 꾸준한 개인 훈련(운동선수라면 다르겠지만)을 무시하고 속도와 쾌락을 강조하는 문화 속에서 살아간다. 믿음으로 하나님을 섬기는 일보다 즐기는 게 더 중요하다는 것이다. 과연 그러한가?

나단 선지자가 하나님의 자비로운 언약을 다윗에게 전하자 다윗은 여호와 앞에 가 앉아서 여호와를 경배하고 그분과 교제했다(대상 17:16-27). 여호와가 자신에게 베풀어주신 풍성한 복을 생각하니 가만히 있는 것 외에 아무 일도 할 수 없었다. 베다니의 마리아는 예수님의 발치에 앉아 그분의 말씀을 들었다. 예수님은 그런 마리아의 행동을 칭찬하셨다(눅 10:38-42). 삶이 축복이 아니라 압박으로 다가올 때는 홀로 하나님께 나아가 그분의 발치에 앉아 그분의 말씀에 귀를 기울여야 한다. 그러면 하나님이 우리를 가르치시고, 장차 해야 할 일을 준비시키실 것이다.

가만히 앉아 하나님이 우리를 위해 선택하신 일을 준비하는 시간은 꼭 필요하다. 다윗처럼 "나의 앞날이 주의 손에 있사오니"(시 31:15)라고 고백해보라.

| 가만히 서 있기 |

"너희는 두려워하지 말고 가만히 서서 여호와께서 오늘 너희를 위하여 행하시는 구원을 보라"(출 14:13). 모세는 이집트의 속박에서 해방된 날, 이스라엘 자손에게 이런 말로 격려했다. 앞에는 홍해가 있고 뒤에는 이집트 군대가 쫓아오고 더 도망치거나 숨을 데가 없었다. 전멸이 자명해 보였다. 그러나 하나님이 이스라엘 편에 계셨다. "만일 하나님이 우리를 위하시면 누가 우리를 대적하리요?"(롬 8:31) 모세는 이렇게 외쳤다. "여호와께서 너희를 위하여 싸우시리니 너희는 가만히 있을지니라"(출 14:14). 이스라엘 민족은 '가만히 있고' '가만히 서서' 하나님이 하실 일을 신뢰해야 했다. 모세가 지팡이를 들어 손을 내밀자 여호와가 이집트 군대와 이스라엘 민족 사이에 흑암의 구름을 두셨다. 이어서 물을 가르시고 마른 땅이 드러나게 하셨다. 이집트 군대가 이스라엘 백성을 추격하기 위해 바다 가운데로 들어서자 물이 다시 흐르고 군대는 전멸했다.

역대하 20장에도 유사한 승리의 기록이 나온다. 암몬 자손과 모압 자손이 마온 사람들과 동맹하여 유다 왕 여호사밧과 유다 백성을 공격했다. 여호사밧은 백성에게 기도하라고 공포하고 자신도 모범을 보였다. 여호와가 선지자 야하시엘의 입을 통해 응답하셨다. "너희는 이 큰 무리로 말미암아 두려워하거나 놀라지 말라 이 전쟁은 너희에게 속한 것이 아니요 하나님께 속한 것이니라"(대하 20:15). 여호와가 적들을 무찌르시고 자신의 이름을 영광스럽게 하셨다. "여호사밧의 나라가 태평하였으니 이는 그의 하나님이 사방에서 그들에게 평강을 주셨음이더라"(대하 20:30).

"세상을 이기는 승리는 이것이니 우리의 믿음이니라"(요일 5:4). 그리스도인의 삶에는 두 종류의 싸움이 있다. 우리가 승리하도록 하나님이 도와주시는 싸움과 우리가 참을성 있게 기다릴 때 우리를 위해 하나님이 승리하시는 싸움이다. 우리는 믿음으로 원수를 무찌르고 승리자가 된다. 평범한 승리가 아니라 원수의 자멸로 얻는 '넉넉히 이기는'(롬 8:37) 승리다. 우리가 전투 계획을 세우고 우리의 무기를 사용하면 하나님이 우리를 위해 싸우실 수 없다. 그러나 우리가 모든 계획과 무기를 하나님께 드리고 기다린다면 하나님이 승리를 주신다. 승리를 위해 싸울 때와 승리를 위해 기다릴 때를 아는 지혜가 필요하다.

내가 섬겼던 교회에는 일부 비판적인 집단이 있었다. 이들의 부정적인 태도는 모든 회의의 분위기를 흐렸고, 두 명의 전임 사역자를 무척 힘들게 했다. 하나님은 나에게 참을성 있게 기도하고 기다리며, 내가 세운 전략을 의지하지 말라고 주의를 주셨다. 그리고 하나님의 때 하나님의 방식으로 문제를 해결하겠다고 하셨다. 그래서 나는 이들을 위해 날마다 기도하고, 다른 성도들과 똑같이 이들을 대했다. 5년이 흐르고, 교회 임원들은 당회에서 부정적인 집단의 리더와 그를 따르는 사람들을 면직했다. 나는 가만히 앉아서 모든 상황을 지켜보았다. 평범한 승리자는 사람들에게 칭송을 받지만 '넉넉히 이기는 자'는 "주 여호와가 행하신 일로 그분을 찬양합니다!"라고 고백한다.

미국의 발명가 토머스 에디슨은 "모든 일은 기다리면서 분주히 움직인 사람에게 찾아온다"라는 말을 남겼다. 어떻게 분주히 움직이면서 기다리는 일을 동시에 할 수 있을까? 속으로는 계속 배우고 신뢰하며 성장하면서 움직이지만, 겉으로는 하나님이 그분의 계획을 실행하시도록 기다리면 된다. "네 길을 여호와께 맡기라 그를 의지하면 그가 이루시고…여호와 앞에 잠잠하고 참고 기다리라"(시 37:5, 7).

"너희는 두려워하지 말고 가만히 서서 여호와께서 오늘 너희를 위하여 행하시는 구원을 보라"(출 14:13).

| 가만히 누워 있기 |

건강한 수면은 하나님의 선물이지만 잠 못 이루는 밤은 괴로운 하루로 이어진다. 다윗은 "내가 누워 자고 깨었으니 여호와께서 나를 붙드심이로다"(시 3:5)라고 했다. 이어지는 시편에서는 "자리에 누워 심중에 말하고 잠잠할지어다…내가 평안히 눕고 자기도 하리니 나를 안전히 살게 하시는 이는 오직 여호와이시니이다"(시 4:4, 8)라고 했다. 시편 127편은 솔로몬이 썼는지 다윗이 아들을 가르치기 위해 썼는지 분명하지 않다. 2절에서 시편기자는 "여호와께서 그의 사랑하시는 자에게는 잠을 주시는도다"라고 했다.

가만히 있고 가만히 앉고 가만히 서 있는 것만 배워서는 충분하지 않다. 가만히 눕는 것을 배우고 분주한 하루 끝에 치유를 주는 하늘의 안식을 경험해야 한다. 신경 쓰이는 일 때문에 밤새도록 뒤척이면 하나님이 우리에게 주시는 축복을 놓치게 된다. 바울은 에베소서 4장 26절에서 '너희는 화가 난다고 죄를 짓지 말라'(시 4:4 참고)는 말씀을 인용하면서 믿는 사람들에게 권고했다. 자신에게, 친구에게, 하나님께 화가 났는가? 속에서 계속 키운 분노가 겉으로 드러나 삶에 영향을 주는가? 바울은 시편 4편 4

절을 인용한 뒤에 "해가 지도록 분을 품지 말라"고 했다. 마음이 바르지 않으면 아무리 잠들려 해도 안 된다는 말이다.

하나님은 밤에도 우리를 가르치신다. 내 침대 맡 탁자에는 특별한 조명이 설치되어 있다. 여기에 손만 대면 소리 없이 조명이 켜져서 공책을 비춘다. 하나님은 여러 번 나를 깨우셔서 그분의 진리를 묵상하도록 '야간 학교'로 인도하셨다. 그분은 내가 시편 1장 2절의 "복 있는 사람"처럼 여호와의 율법을 주야로 묵상하는 사람이 되기를, 또 '주의 말씀을 조용히 읊조리려고 새벽녘에 눈을 뜨는'(시 119:148) 경건한 사람이 되기를 바라신다. 하나님이 나를 깨우시고 진리를 풀어주시면, 나는 조명을 켜고 묵상 가운데 생각나는 것들을 공책에 적는다. 그리고 아침에 일어나면 공책을 들고 서재에 가서 관련 파일 정리하고 성경책 한편에 기록해둔다.

우리가 하나님의 진리에 집중한다면 성령님이 우리의 잠재의식 속에 역사하실 수 있다고 믿는다. 고등학생 시절 나는 저녁에 숙제를 했다. 어려운 기하학 문제를 만나면 그 문제를 머릿속에 집어넣고 잠자리에 들었다. 다음 날 아침에 일어나면 머릿속에 답이 있는 경우가 종종 있었다. 밤새도록 내 잠재의식이 수고한 결과라고 생각한다. 설교를 준비할 때도 이런 일을 여러 번 경험했다. 한밤중이나 아침에 눈을 뜨면 고민했던 문장이 술술 풀린다. 물론 말씀을 연구하고 생각에 영양분을 넣음으로써 성령님이 해결하실 일거리를 드려야 한다. 그렇게 하지 않으면 설교에 아무런 영양가도 없고 회중은 졸기만 할 것이다. 여호와의 말씀을 우리 마음에 품고 묵상하면 그분이 밤마다 우리를 지도하신다(시 16:7). 모든 사람에게 해당되는 방식은 아니겠지만 나에게는 분명히 효과적이었다.

밤에는 학습도 이루어지지만 찬송도 할 수 있다(시 42:8; 77:6; 욥 35:10). 환한 대낮에는 누구나 찬송할 수 있지만 어두운 밤에 찬송하는 것은 그것과는 또 다르다. 다윗은 밤에 찬송했다. 예수님은 체포되시기 전에 최후의 만찬을 마치고 찬송하셨다(마 26:30). 바울과 실라는 빌립보 감옥에서 한밤중에 찬송했다(행 16:25). 캄캄한 구름과 어둠 가운데 있을 때라도 "시와 찬송과 신령한 노래"(엡 5:19)로 여호와를 찬미할 수 있다. 머지않아 빛이 비칠 것이다. 침대에 누워 찬송하다 잠이 들고 하나님을 경배할 수도 있다. 하나님을 찬양하며 잠이 들면 그분과 교제하며 아침에 일어날 것이다.

우리는 밤중에 하나님과 그분의 진리를 묵상하면서 탐색의 시간을 보내기도 한다. "주께서 내 마음을 시험하시고 밤에 내게 오시어서 나를 감찰하셨으나 흠을 찾지 못하셨사오니"(시 17:3). 고요한 밤중에 성령님은 우리에게 우리가 말하거나 행동한 일 또는 말하거나 행동하지 않은 일 중에 생각할 필요가 있는 일들을 생각나게 하신다. 나는 조명이 비치는 공책에 그것들을 기록한다. 시편 139편 23-24절의 기도는 잠들기를 기다릴 때 해야 하는 기도가 될 것이다.

병문안하러 병원에 가서 어떤 환자를 만났는데, 그가 이렇게 말했다. "어젯밤에 통 잠을 이루기가 힘들었어요. 그런데 하나님은 졸거나 주무시지 않는다는 말씀이 떠올랐어요. 깨어 있으려고 해봐야 어리석은 일이라는 생각이 들어서 자세를 바로 하고 잠을 잤어요." 양을 세느라 시간을 낭비하지 마라. 차라리 결코 주무시지 않는 우리의 목자와 교제하라.

"여호와께서 그의 사랑하시는 자에게는 잠을 주시는도다"(시 127:2).

Paradoxes 7

생명을 얻으려면 생명을 잃어야 한다

인자가 많은 고난을 받고 장로들과 대제사장들과 서기관들에게 버린바 되어 죽임을 당하고 사흘 만에 살아나야 할 것을 비로소 그들에게 가르치시되 드러내 놓고 이 말씀을 하시니 베드로가 예수를 붙들고 항변하매 예수께서 돌이키사 제자들을 보시며 베드로를 꾸짖어 이르시되 사탄아 내 뒤로 물러가라 네가 하나님의 일을 생각하지 아니하고 도리어 사람의 일을 생각하는도다 하시고 무리와 제자들을 불러 이르시되 누구든지 나를 따라오려거든 자기를 부인하고 자기 십자가를 지고 나를 따를 것이니라 누구든지 자기 목숨을 구원하고자 하면 잃을 것이요 누구든지 나와 복음을 위하여 자기 목숨을 잃으면 구원하리라 사람이 만일 온 천하를 얻고도 자기 목숨을 잃으면 무엇이 유익하리요 사람이 무엇을 주고 자기 목숨과 바꾸겠느냐 누구든지 이 음란하고 죄 많은 세대에서 나와 내 말을 부끄러워하면 인자도 아버지의 영광으로 거룩한 천사들과 함께 올 때에 그 사람을 부끄러워하리라 _ 막 8:31-38

예수께서 대답하여 이르시되 인자가 영광을 얻을 때가 왔도다 내가 진실로 진실로 너희에게 이르노니 한 알의 밀이 땅에 떨어져 죽지 아니하면 한 알 그대로 있고 죽으면 많은 열매를 맺느니라 자기의 생명을 사랑하는 자는 잃어버릴 것이요 이 세상에서 자기의 생명을 미워하는 자는 영생하도록 보전하리라 사람이 나를 섬기려면 나를 따르라 나 있는 곳에 나를 섬기는 자도 거기 있으리니 사람이 나를 섬기면 내 아버지께서 그를 귀히 여기시리라 _ 요 12:23-26

예수님은 공생애 기간 3년 동안 많은 사람을 공개적으로 가르치셨고, 제자들도 개인적으로 가르치시며 하늘로 돌아가신 뒤 제자들이 그분의 사역을 이어갈 수 있도록 준비시키셨다. 예수님은 성부 하나님께 이렇게 고백했다. "세상 중에서 내게 주신 사람들에게 내가 아버지의 이름을 나타내었나이다 그들은 아버지의 것이었는데 내게 주셨으며 그들은 아버지의 말씀을 지키었나이다…나는 아버지께서 내게 주신 말씀들을 그들에게 주었사오며 그들은 이것을 받고 내가 아버지께로부터 나온 줄을 참으로 아오며 아버지께서 나를 보내신 줄도 믿었사옵나이다"(요 17:6, 8). 하나님은 오순절에 성령을 보내셔서 제자들이 예수님이 가르치신 것을 생각나게 하셨다(요 14:26; 행 2장). 우리도 여호와께 순복하면 동일한 성령님이 우리를 가르치시고, 예수님의 가르침을 기억나게 해주시며, 권능을 주어 예수님의 증인이 되게 하실 것이다(행 1:8).

예수님의 훈련 사역에서 중대한 전환점은, 예수님이 예루살렘에 올라가 죽임당하실 것을 제자들에게 밝히신 때였다. 베드로는 모든 제자를 대표해 예수님이 하나님의 아들이라는 믿음을 선포했다. 그 이후 예수님은 자신과 제자들을 위해 갈보리를 준비하셨다(마 16:13-26). 마가복음 8-9장에 기록된 예수님의 가르침에서 참된 제자도의 의미를 알 수 있다.

| 불길한 선포(막 8:31) |

예수님은 죽기 위해 예루살렘에 가는 것이라고 제자들에게 알리셨다. 제자들은 그리스도의 희생적 죽음을 은유로만 듣다가 그제야 명확한 설명을 듣게 되었다. 세례 요한은 예수님을 희생 제물을 의미하는 "하나님의 어린양"(요 1:29)이라고 불렀다. 또 예수님은 자신의 '성전'이 무너졌다가 다시 세워질 것을 말씀하셨다(요 2:13-22). 니고데모와 그 주변에 있던 사람들에게는 모세가 광야에서 뱀을 든 것같이 인자도 들려야 한다고 하셨다(요 3:14). 자신을 선지자 요나에 비유하면서 요나가 물고기 배 속에 있었던 것처럼 자신이 겪을 죽음과 장사 됨과 부활을 말씀하셨다(마 12:38-40). 예수님은 "선지자가 예루살렘 밖에서는 죽는 법이 없느니라"(눅 13:33)고 하시며 예루살렘으로 향하셨다.

사도들은 천천히 고통스럽게 깨달았다. 그들은 성경을 읽고 설명하는 회당과 성전에 가서 메시아와 관련된 내용을 들었다(눅 24:13-25 참고). 그러나 제사장과 서기관들은 이 주제에 대해 잘 알지 못했다. 구약성경에 메시아의 고난과 통치가 나와 있지만, 교사들은 고난과 영광 사이에 있는 이 수수께끼 같은 문제를 설명할 수 없었다. 어떤 사람은 시편 22편과 이사야 53장을 지적하며 메시아가 두 명일지도 모른다고 가르쳤다. 예수님은 사도들에게 자신이 메시아이며, 자신이 자기 백성에게 거절당하고 수치와 고통을 당하며 십자가에 달려 죽는다고 예언되었다는 점을 명확히 말씀하셨다. 베드로가 첫 번째 서신에서 말한 대로 먼저 고난이 있고 다음에는 영광이 있을 것이다.

그런데 우리는 십자가를 당연하게 여기며 매력적인 장신구 정도로만 취급한다. 우리에게 익숙한 십자가는 무덤이나 교회, 예배당 첨탑의 십자가다. 머릿속은 온 세상을 헤매고 다니면서 십자가에 대한 찬양은 심드렁하게 부를 때가 얼마나 많은가? 예수님이 십자가에 대해 말씀하시자 야고보와 요한은 주의 좌우편에 앉기를 청하는 이기적인 모습을 보였다(막 10:32-40). 사도들은 유죄 선고를 받은 범죄자가 십자가를 지고 처형장에 가는 모습을 많이 보았을 것이다. 십자가형은 지극히 수치스럽고 잔혹한 일이었기 때문에 점잖은 자리에서는 절대 언급되지 않았으며, 오늘날 우리가 전기의자나 교수대를 장신구로 사용하지 않듯이 당시 십자가 모양을 장신구로 사용하는 사람은 없었다. 예수님은 자신과 사도들 앞에 놓인 일을 전하셨다. 그 일을 부인하거나 피할 방법은 없었다. 인자는 들려야만 했다(요 3:14).

| 잘못에 대한 책망(막 8:32-33) |

충동적인 말을 함부로 내뱉은 베드로를 비판하기 전에(감히 하나님께 이래라저래라 하다니) 그가 한 말이 그리스도를 향한 사랑에서 나왔다는 사실을 기억해야 한다. 그는 예수님이 고통을 겪거나 돌아가시기를 바라지 않았다. 기도나 사역이나 대화를 하는 가운데 베드로처럼 무심코 말한 적이 한 번도 없는 사람만 베드로를 비난할 수 있을 것이다. 베드로는 아직 어린 신자였고 배워야 할 점이 많았다. 그러나 예수님을 사랑했고 그분이 왜 죽으셔야 하는지 이해하지는 못했다. 베드로는 사탄이 자신을 사용하여 하나님 아버지께 순종하려는 예수님을 방해하려 했다는 사실을 알지 못했다(33절에 나오는 '꾸짖다'는 마가복음 1장 25절과 3장 12절에 나오는 '꾸짖다'와 같은 단어다). '자신을 구하다'가 세상의 인생철학이라면 '자신을 주다'는 예수님의 인생철학이었다. 예수님은 십자가에 대해 제자들에게 하실 말씀이 많았을 것이다(막 9:31; 막 10:32-34). 훗날 베드로가 쓴 편지에 고난과 영광에 대한 언급이 있는 것으로 보아, 그는 분명 이 교훈을 깨달았을 것이다.

예수님은 베드로를 꾸짖기 전에 몸을 '돌이켜서'(헬라어로는 '급히 돌아서다'는 뜻이다) 제자들을 바라보셨다. 예수님이 베드로에게 하신 말씀(33절)이 모든 제자에게 해당되는 말이었기 때문이다. 그들은 이런 질문에 대답해야 했다. '우리는 누구 편인가? 하나님 편인가 사탄 편인가?' 타협이란 절대 있을 수 없었다. 하나님의 뜻에서 벗어난 리더보다 하나님의 일에 위험한 사람은 없다. 아브라함과 야곱, 여호수아와 사울 왕, 다윗 왕이 저지른 죄에서 이 사실을 확인할 수 있다. 사탄이 지도자를 넘어뜨려 쓰러지게 하면, 많은 사람의 삶이 영향을 받고 하나님의 영광을 가리는 결과를 낳는다.

베드로는 자신의 신앙 고백에 대한 예수님의 축복(마 16:18-20)을 듣자마자 바로 예수님께 강하게 항변했다. 우리는 신앙생활에서 기념비적인 경험을 했을 때 특히 조심해야 한다. 바로 그때가 사탄이 공격할 기회가 되기 때문이다. "그런즉 선 줄로 생각하는 자는 넘어질까 조심하라"(고전 10:12). 베드로는 변화산(마 17:1-5)과 다락방(요 13:2-10)에서 저질렀던 같은 실수를 하고 말았다. 베드로 자신이 이렇게 기록했음을 주목하라. "근신하라 깨어라 너희 대적 마귀가 우는 사자같이 두루 다니며 삼킬 자를 찾나니"(벧전 5:8).

우리는 주변 상황이나 내면의 감정이 어떻든지 믿음으로 걷는 방법을 배워야 한다. 상황과 감정은 기만적이라서 잘못된 행동을 하도록 우리를 부추긴다. 베드로는 예수님을 위해 죽을 수도 있다고 장담했지만, 동산에서는 잠이 들어버렸고 이후 세 번이나 예수님을 부인하고 말았다(눅 22:31-34). "만물보다 거짓되고 심히 부패한 것은 마음이라 누가 능히 이를 알리요마는"(렘 17:9). 우리는 성령의 인도를 받는다고 생각하지만 사실은 나쁜 영에게 속임을 당하는 것일 수 있다. "사랑하는 자들아 영을 다 믿지 말고 오직 영들이 하나님께 속하였나 분별하라"(요일 4:1). 마귀의 간계를 감지하는 분별력을 갖추려면 항상 기도하고 성령 안에 걸으며 하나님의 말씀을 먹어야 한다. 우리의 대적은 능수능란한 사기꾼이기 때문에 우리는 하나님이 주시는 분별력이 필요하다.

| 신중한 결정(막 8:34-37) |

삶은 하나님이 주신 소중한 선물이다. 우리는 이 선물로 세 가지를 할 수 있다. 먼저 좋은 시간을 보내며 삶을 '낭비'할 수 있다. 그러다 어느 날 문득 내가 제대로 산 게 아니었다는 사실을 깨닫는다. 아니면 삶을 그냥 '흘려보낼' 수도 있다. 친구나 이웃과 편안하게 살지만 삶의 목적이나 하나님의 축복은 없는 채 자신을 기쁘게 하는 일에만 열중할 수 있다. 이렇게 하면 무언가를 남기기는 해도 미리 대비하지는 못한다. 또 우리는 삶이라는 선물로 '투자'를 할 수 있다. 모든 것을 하나님께 드리고, 모든 일 가운데 하나님을 따르며, 하나님이 상급을 정하시도록 하는 것이다. 이런 삶이 바로 제자도이며, 예수님이 제자들과 군중에게 하신 말씀이기도 하다. "누구든지 나를 따라오려거든 자기를 부인하고 자기 십자가를 지고 나를 따를 것이니라 누구든지 자기 목숨을 구원하고자 하면 잃을 것이요 누구든지 나와 복음을 위하여 자기 목숨을 잃으면 구원하리라"(막 8:34-35).

누가복음 9장 57-62절에 제자 후보 세 명이 나온다. 두 명은 먼저 예수님께 따르겠다고 했고, 다른 한 명은 예수님께 부름 받았다. 세 명 모두 제자가 되지는 못했다.

> 길 가실 때에 어떤 사람이 여짜오되 어디로 가시든지 나는 따르리이다 예수께서 이르시되 여우도 굴이 있고 공중의 새도 집이 있으되 인자는 머리 둘 곳이 없도다 하시고 또 다른 사람에게 나를 따르라 하시니 그가 이르되 나로 먼저 가서 내 아버지를 장사하게 허락하옵소서 이르시되 죽은 자들로 자기의 죽은 자들을 장사하게 하고 너는 가서 하나님의 나라를 전파하라 하시고 또 다른 사람이 이르되 주여 내가 주를 따르겠나이다마는 나로 먼저 내 가족을 작별하게 허락하소서 예수께서 이르시되 손에 쟁기를 잡고 뒤를 돌아보는 자는 하나님의 나라에 합당하지 아니하니라 하시니라.

여기서 "나로 먼저"라는 말이 두 번 나온다(59, 61절). 참된 제자의 입이나 생각에서 절대 나와서는 안 되는 말이다. 제자의 입에서는 '예수님 먼저'라는 말이 나와야 한다. 예수님은 마가복음 8장 34절에서 제자를 이렇게 말씀하셨다. "누구든지 나를 따라오려거든 자기를 부인하고 자기 십자가를 지고 나를 따를 것이니라."

여기 나오는 세 명은 제자도의 참 의미를 몰랐다. 제자는 자신을 부인해야 하는데 첫 번째 사람은 확실한 편안함을 원했다. 두 번째 사람은 아버지가 돌아가실 때까지 있기를 원했으나 그는 자기 십자가를 지고 날마다 죽어야 했다. 세 번째 사람은 송별회를 즐기며 좋은 추억을 남기고 싶었다. 그러나 참된 제자는 뒤를 돌아보지 않고 앞을 보며 예수님을 따라야 한다.

주님의 메시지는 명확하다. 모든 신자가 '기독교 전임 사역자'로 부름 받지는 않았지만, 자신의 모든 시간을 그리스도인으로서 충실하게 보내야 한다. 이것은 곧 '제자의 삶'을 살도록 부름 받았음을 뜻한다. 마가복음 8장 34절에서는 동사의 시제에 주목할 필요가 있다. 우리는 자신을 단번에, 항상 부인해야 하고(롬 12:1-2), 자기 십자가 역시 단번에, 항상 지며(갈 2:20), 순종하며 예수님을 따라가고 절대 뒤를 돌아보지 않는다. 제자 후보 세 명처럼 자신을 소중히 여기며 자신을 구원하려 했다가는 결국 우리 삶을 잃어버리고 다시 살 기회를 얻지 못할 것이다. "누구든지 자기 목숨을 구원하고자 하면 잃을 것이요 누구든지 나와 복음을 위하여 자기 목숨을 잃으면 구원하리라"(막 8:35).

예수님은 우리에게 이것저것이 아닌 바로 우리 자신을 부인하라고 하신다. 이로써 모든 일이 해결된다. 그분은 우리에게 권력을 주거나 우리를 유명인으로 만드시려는 게 아니라 십자가를 주고 우리를 산 제물이자 수고하는 종이 되게 하시려는 것이다(롬

12:1-2). 자신을 위해 살며 세상이 주는 부와 쾌락, 명예를 추구한다면, 결국 모든 것을 잃어버릴 것이다. 가나안에 기근이 있을 때 아브라함은 여호와께 불순종하고 조카 롯을 데리고 이집트로 도망쳤다. 이때부터 롯은 세상을 얻고 자신의 생명을 잃기 시작했다(창 12:10-13:13). 일단 이집트(세상)를 맛보자 그는 믿음이 아니라 보이는 대로 살기 시작했고, 모든 일을 이집트의 기준으로 판단했다. 그 결과 롯과 그의 가족은 비극을 맞이했다(창 19장).

예수님은 "내가 온 것은 양으로 생명을 얻게 하고 더 풍성히 얻게 하려는 것이라"(요 10:10)고 하셨다. 예수님은 우리에게 생명을 주시려고 십자가에서 자신의 생명을 내주셨다. 그리고 사람들이 영생의 복음을 듣도록 우리의 생명을 그분께 맡기라고 하신다. 우리는 복음을 모르는 죄인들과 예수님을 위해 우리 자신을 예수님께 드릴 수 있다. 이것이 바로 승리를 거두고 열매 맺는 그리스도인의 삶의 역설이다. 우리는 예수님의 생명을 얻기 위해 우리의 생명을 버리고, 사람들에게 예수님을 알리기 위해 우리의 생명을 나눈다. 이것은 예수님을 위한 일이자 복음을 위한 일이 된다(막 8:35).

| 영광스러운 미래(막 8:38-9:8) |

예수님은 제자들에게 십자가에 대해 가르치신 뒤에 바로 자신의 영광스러운 미래의 왕국과 모두가 함께 누릴 영광에 대해 말씀하셨다. 그리스도인의 삶에서 고난과 영광은 함께 간다. 어느 기독교인의 집에서 "십자가 없이는 왕관도 없다"라고 적힌 액자를 본 적이 있다. 예수님은 베드로와 야고보, 요한을 변화산에 데려가서 이 말씀을 몸소 보이셨다. 변화산에서 성부 하나님은 성자 하나님의 영광과 장차 임할 나라의 영광을 보이셨다.

예수님은 세 가지 사건, 즉 변화산 사건(막 9:1-13), 죽은 야이로의 딸을 살린 일(막 5:21-43), 겟세마네 동산에서 고통 중에 기도하신 일(막 14:32-42)이 있을 때 제자 세 명과 함께하셨다. 이 세 사건을 생각하면 빌립보서 3장 10절이 떠오른다. "내가 그리스도[변화산]와 그 부활의 권능[야이로의 딸을 살리심]과 그 고난에 참여함[제자들이 겟세마네 동산에서 예수님과 함께함]을 알고자 하여"라는 구절이다.

예수님이 제자들에게 십자가에서 자신의 생명을 내어놓아야 한다고 처음 말씀하셨을 때 베드로는 예수님께 반박했다가 책망을 들었다. "사탄아 내 뒤로 물러가라!"(막 8:33). 여기서 '사탄'은 '적, 원수'를 의미한다. 베드로는 택함 받은 사도이지 않은가! 아무리 그렇더라도 하나님의 자녀가 하나님의 뜻을 거역하고 세상 사람처럼 살면 하나님의 원수가 된다. 바울은 빌립보 교인들에게 이렇게 경고했다. "형제들아 너희는 함께 나를 본받으라 그리고 너희가 우리를 본받은 것처럼 그와 같이 행하는 자들을 눈여겨보라 내가 여러 번 너희에게 말하였거니와 이제도 눈물을 흘리며 말하노니 여러 사람들이 그리스도의 십자가의 원수로 행하느니라 그들의 마침은 멸망이요 그들의 신은 배요 그 영광은 그들의 부끄러움에 있고 땅의 일을 생각하는 자라"(빌 3:17-19). 그는 교회에 속한, 자신을 그리스도인이라고 부르는 사람들에게 이런 편지를 보냈다. 안타깝게도 우리 주변에는 그런 사람이 많다. 그러나 예수님은 자신을 따르는 일은 세상과 세속적인 그리스도인들에게 멸시받고 미움을 받는 것이라고 하셨다.

사도 베드로는 순종하기 때문에 겪는 고난이 궁극적으로 우리를 영광으로 이끈다는 진리를 붙들었다.

예수님은 자신의 팔이 벌려지고 십자가에 달리는 날이 올 것이라고 하셨다(요 21:18-19). 그리고 예수님이 십자가에 달리셨을 때 베드로는 예수님이 엄청난 고통을 겪으시겠지만, 이어 영광이 그분을 기다리고 있다는 사실을 알았다(벧전 1:11, 21). 또 베드로의 첫 번째 서신의 독자들은 자신들에게 임박한 핍박이 영원한 영광으로 이어진다고 확신했다(벧전 4:12-19; 5:1-4). 베드로는 그들에게 예수님을 영화롭게 하고 믿지 않는 자들에게 증인이 되도록 경건한 삶을 살라고 촉구했다.

하나님은 그리스도인의 삶이 쉽고 편하며 아무 위험이 없다고 가르치신 적이 없다. 나는 번영 신학자들의 메시지에 반대한다. 예수님은 완전히 반대로 가르치셨기 때문이다. "세상에서는 너희가 환난을 당하나 담대하라 내가 세상을 이기었노라"(요 16:33; 마

5:10-12; 10:16-26; 롬 8:17, 35-39; 요 15:18-27 참고). 잘못을 저질러서 고통을 당하는 것은 너무나 당연한 결과다. 그러나 선을 행하고 바른 편에 섰기 때문에 고통당하는 것은 분명히 다른 문제다(벧전 3:13-4:19).

"예수님이 당신의 주님이라면 미래는 당신의 친구입니다"라고 적힌 포스터 문구가 기억난다. 그리스도를 위해 오늘 우리가 겪는 괴로움은 장차 예수님과 함께 누릴 영광이다. 갈보리에서 우리 구세주가 입으신 상처는 하늘에서 영화롭게 되었다! 신실함을 유지한다면 우리도 언젠가 우리의 상처가 하나님의 영광의 광채로 변하는 모습을 보게 될 것이다.

생명을 얻으려면 생명을 잃어야 한다.
자신을 위해 생명을 얻는 사람은 생명을 잃는다.
그 대가를 계산해보았는가?

하나님은 그리스도인의 삶이 쉽고 편하며 아무 위험이
없다고 가르치신 적이 없다. 나는 번영 신학자들의 메시지에
반대한다. 예수님은 완전히 반대로 가르치셨기 때문이다.
"세상에서는 너희가 환난을 당하나 담대하라
내가 세상을 이기었노라" _ 요 16:33

Paradoxes
8

세상에서 빛이라고 부르는 것은 **사실 어두움이다**

너희를 위하여 보물을 땅에 쌓아 두지 말라 거기는 좀과 동록이 해하며 도둑이 구멍을 뚫고 도둑질하느니라 오직 너희를 위하여 보물을 하늘에 쌓아 두라 거기는 좀이나 동록이 해하지 못하며 도둑이 구멍을 뚫지도 못하고 도둑질도 못하느니라 네 보물 있는 그곳에는 네 마음도 있느니라 눈은 몸의 등불이니 그러므로 네 눈이 성하면 온몸이 밝을 것이요 눈이 나쁘면 온몸이 어두울 것이니 그러므로 네게 있는 빛이 어두우면 그 어둠이 얼마나 더하겠느냐 한 사람이 두 주인을 섬기지 못할 것이니 혹 이를 미워하고 저를 사랑하거나 혹 이를 중히 여기고 저를 경히 여김이라 너희가 하나님과 재물을 겸하여 섬기지 못하느니라 _ 마 6:19-24

너희가 전에는 어둠이더니 이제는 주 안에서 빛이라…너희는 열매 없는 어둠의 일에 참여하지 말고 도리어 책망하라 _ 엡 5:8, 11

모든 일을 원망과 시비가 없이 하라 이는 너희가 흠이 없고 순전하여 어그러지고 거스르는 세대 가운데서 하나님의 흠 없는 자녀로 세상에서 그들 가운데 빛들로 나타내며 _ 빌 2:14-15

오늘의 세상은 전례 없이 많은 발견이 이루어졌다고 하는데, 나는 과연 이 평가가 사실인지 의심스럽다. 과학이나 의학, 통신 같은 분야에서는 위대한 발견이 많았지만 법 준수, 인권 존중, 지혜로운 행동, 성품 계발, 하나님의 영광을 위해 서로 사랑하고 섬기는 일에서는 점점 어둠 속으로 빨려 들어가는 것 같아서 걱정이다.

하나님이 주시는 축복을 얻으려면 하나님의 도움이 필요한데, 안타깝게도 우리의 도움 목록에서는 하나님이 공식적으로 배제되신 것 같다. 현대인의 주요 인생 목표는 도덕과 영성의 깨달음이나 풍성함이 아니라 쾌락에 초점이 맞춰져 있다. 이처럼 우리는 날마다 짙어지는 어둠의 문화 속에 살고 있다. 성경에는 물리적 어둠만이 아니라 불신자의 생각과 마음을 조종하고 신자들의 삶과 사역을 공격하는 사탄의 어둠까지, 어둠이 2백 번 이상 나온다.

내가 경험했던 가장 짙은 어둠은 켄터키주 매머드 동굴에서 느낀 것이었다. 가이드는 불이 잠시라도 꺼지면 있는 자리에서 한 발짝도 움직이지 말라고 주의를 주었다. 불이 나갔을 때 우리는 그의 말을 진직으로 따를 수밖에 없었다. 그때 하나님이 사흘 동안 흑암의 형벌을 내리셨을 때 이집트 사람들이 어떻게 느꼈을지 조금이나마 알 수 있었다(출 10:21-29). 그러나 이런 어두움은 빛이 없는 것에 불과하다. 성경에 기록된 영적인 어두움은 엄청난 힘이 있는, 마귀의 존재와 행위를 의미한다(눅 22:53). "우리의 씨름은 혈과 육을 상대하는 것이 아니요 통치자들과 권세들과 이 어둠의 세상 주관자들과 하늘에 있는 악의 영들을 상대함이라"(엡 6:12). 정신이 번쩍 들게 하는 구절이다.

깨달음을 중시하는 오늘의 세상에서 어둠의 주관자들을 상대하려면 하나님의 백성에게 무엇이 필요할까?

| 하나님께 온전히 굴복해야 한다 |

산상수훈에 '몸'이라는 단어가 7번 나온다(마 5:29-30; 6:22, 23, 25). 우리가 몸으로 하는 일이 주님을 영화롭게 하거나 주님의 이름을 더럽히기 때문이다(마 5:13-20). 여기서는 마태복음 6장 22-23절에 집중하고 싶다(이번 장 주요 구절 참고). 믿는 사람의 몸은 성령이 거하시는 하나님의 성전이다(고전 6:19-20). 예수님은 십자가에서 피를 흘리심으로 우리 몸을 사셨다. 그래서 그분은 우리가 삶으로 하나님을 영화롭게 하기 바라신다. 또 예수님은 서기관이나 바리새인이 실천하는 의로운 행위를 경작하지 말라고 경고하셨다(마 5:20). 그들의 의는 마음에서 우러나온 것도 아니었고, 하나님을 영화롭게 하지도 못했다. 겉으로는 종교적으로 보였지만, 속으로는 하나님의 생명과 사랑이 부족했다. 마태복음 23장에서 예수님은 그들을 '외식하는 자'(연극배우)라고 부르시며 그들의 종교 행위를 질책하셨다. 믿는 사람의 몸은 하나님의 성전이므로, 모든 신자는 위선을 피하고 하나님을 영화롭게 하는 경건한 삶을 살아야 한다.

로마서 12장 1-2절에서는 하나님께 우리의 몸과 마음과 뜻을 드리고, 하나님이 받을 만하신 "산 제물"로서 하나님을 섬기라고 가르친다. 우리가 두 주인을 섬길 수 없음은 너무나 분명한 사실이다(마 6:24). 오직 예수님만이 우리의 주님이셔야 한다. "너희는 나를 불러 주여 주여 하면서도 어찌하여 내가 말하는 것을 행하지 아니하느냐"(눅 6:46). 하나님의 계명은 짊어져야 할 짐이 아니라 사람들을 섬기며 하나님을 영화롭게 할 기회이자 우리에게 허락된 축복이다.

믿는 사람의 몸은 하나님의 성전이자 그분의 도구다. 하나님은 우리 몸의 지체를 '하나님께 드리는 의의 무기'(롬 6:13-14)로 사용하고 싶어 하신다. 우리 각 사람에게는 타고난 특정 재능이 있으며, 하나님께 그 재능에 걸맞은 영적 은사를 받았다(고전 12장). 예를 들어, 나는 호기심이 많고 책과 독서를 사랑하는 사람으로 태어났다. 구원받은 뒤에는 가르침의 은사를 발휘하여 지금까지 가르치는 사역을 해왔다. 이처럼 모든 신자는 자신이 가진 은사를 발견하여 교회를 세우는 일에 사용해야 한다. 물론 우리를 하나님의 종으로서 형통하게 하는 것은 우리의 재능이나 훈련은 아니다. 그것도 중요하지만, 하나님에 대한 순복과 순종, 성령의 권능에 대한 의존이 더욱 중요하다.

믿는 사람의 몸은 하나님의 성전이자 도구이며 또한 하나님의 보물이다. "우리가 이 보배[복음]를 질그릇에 가졌으니 이는 심히 큰 능력은 하나님께 있고 우리에게 있지 아니함을 알게 하려 함이라"(고후 4:7). 우리 몸은 땅의 흙으로 지어졌으나(창 2:7), 성령 하나님은 기꺼이 우리 안에 거하시며, 다른 사람들과 복음을 나눌 수 있도록 우리를 도우신다. 오직 하나님만이 영광을 받으시기에 합당하다! 사실 우리가 이 땅의 질그릇이라는 사실은 그다지 중요하지 않다. 가장 중요한 것은 하나님의 말씀을 항상 명심하고, 성령님과 함께 일하며, 우리의 질그릇을 깨끗하게 유지하는 것이다. 몸을 더럽히는 행동은 하나님을 거역하는 죄로, 성령님을 근심하게 하며 이것 때문에 자칫 하나님의 능력을 상실할 수도 있다.

| '좋은 눈'을 유지한다 |

다음 말씀이 핵심 구절이다. "눈은 몸의 등불이니 그러므로 네 눈이 성하면 온몸이 밝을 것이요 눈이 나쁘면 온몸이 어두울 것이니 그러므로 네게 있는 빛이 어두우면 그 어둠이 얼마나 더하겠느냐"(마 6:22-23). 보통 세상은 밝게 빛나고 그리스도인은 어두움 가운데 있다고 생각하지만, 사실은 세상이 어두움 가운데 있고 그리스도인이 빛 가운데 있다는 것이 이 말씀에 담긴 역설이다. 우리가 예수 그리스도를 우리의 주님이요, 구세주로 믿을 때 우리의 어두움은 빛으로 바뀌고, 세상에서 빛이라고 부르는 것들이 사실은 어두움이었다는 점이 밝혀진다.

겉모습이 결과를 결정한 예가 많다. 하와는 금지된 열매를 보면서 그 열매를 욕망했고, 그것을 먹은 뒤에 아담에게도 주었다. 그리고 아담과 함께 벌을 받았다(창 3:1-7). 롯은 요단의 평원을 바라보고 그곳을 집으로 선택했는데, 나중에는 결국 모든 것을 잃고 말았다(창 13:10; 19). 다윗 왕은 남의 아내를 보고 음욕을 품었다. 그리고 그 죄에 대한 대가를 치렀다(삼하 11-12장). 눈으로 보고 머리로 상상하며, 마음으로 열망하고 의지를 품고 행동으로 옮긴다. 그래서 야고보서 1장 12-18절에서는 유혹과 죄를 임신에 비유했다(욥 15:35; 시 7:14; 사 33:11; 59:4, 13 참고). 날마다 죄를 잉태하는 삶은 얼마나 슬픈 삶인가.

세상은 믿는 사람을 보면서 '어두움 속에 있고, 어두움의 시대에 산다'고 말한다. 그러나 진짜 '어두움 속에' 있는 사람은 불신사들이다. 영직 분별력이 있는 신자는 모든 것을 있는 그대로 본다. 즉, 영적 시력이 좋은 하나님의 사람은 두 주인을 섬기거나 동시에 두 곳을 보거나(마 6:24) 두 마음을 품지 않는다(약 1:6-8; 4:7-10). 눈이 나뉘면 왜곡된 시선으로 삶을 바라볼 수밖에 없다. 반면 나뉘지 않은 건강한 눈으로는 모든 것을 있는 그대로 볼 수 있다. 여호와와 함께 걷는 사람은 진리를 보기 위해 의지할 수 있는 "마음의 눈"(엡 1:18)이 있다. 영적으로 회심하지 않은 사람은 어두움을 보지만, 하나님의 자녀는 하나님의 빛과 하나님의 진리를 볼 수 있다.

빛과 어두움, 영적 분별력이라는 주제는 요한복음에 깊이 배어 있다.

예수님이 영적인 일에 대해 말씀하시면, 회심하지 않은 사람들은 그 말을 문자 그대로 물리적인 일로 받아들였다. "빛이 어둠에 비치되 어둠이 깨닫지 못하더라"(요 1:5). 때로는 하나님을 따르는 사람들도 어두움 속에 있는 시기가 있다. 예를 들면, 요한복음 2장 18-21절에서 예수님은 자신의 죽음과 부활에 대해 말씀하셨으나 사람들은 예루살렘 성전을 무너뜨렸다가 재건하겠다는 말씀으로 이해했다. 요한복음 3장에서 니고데모는 영적인 거듭남을 이해하지 못했고(9절), 4장에서 사마리아 여인은 "생수"와 야곱의 우물에서 긷는 우물물을 혼동했다(요 4:11-12). 같은 장에서 예수님은 제자들에게 하나님의 뜻에 대해 말씀하셨지만, 그들은 문자 그대로 그것을 음식으로 받아들였다(31-38절). 유대인들은 자신의 살을 먹고 자신의 피를 마셔야 한다는 예수님의 말씀(요 6:41-58)과 천국에 대한 말씀도 말 그대로 이해했다(요 7:32-36; 8:21-22). 예수님이 말씀하신 자유에 대해서는 아예 잘못 이해했다(요 8:31-36). 예수님은 죽음을 잠에 비유하셨으나 사도들은 그 말을 이해하지 못하고(요 11:11-13) 마르다는 부활에 대해 혼동했다(요 11:20-27).

예수님은 세상의 빛이시지만(요 8:12) 불신자들은 어두움을 사랑하고 빛을 미워한다(요 3:19-21). 그들은 실제로는 영적인 어두움 속에 사는데도 자신에게 빛이 있다고 생각한다. 세례 요한은 사람들 앞에서 예수님을 불렀다(요 1:29). 그는 '빛에 대하여 증언하도록' 보내심을 받은 사람이었다(요 1:6-9). 우리가 어떤 사람들에게 빛이 빛난다고 말해주어야 한다면, 그들은 사실 눈먼 자들인 것이다! 요한의 말을 듣던 회중은 영적으로 눈먼 사람들이었다. 특히 종교 지도자들이 그러했다. 그러나 우리는 예수 그리스도를 따르는 사람으로서 좋은 영적인 시력을 유지해야 한다. 성경 말씀(시 19:8; 119:105, 130; 잠 6:23)을 명심하지 않으면 마음의 눈이 약해진다. 또한 이 말씀도 기억하라. "악을 선하다 하며 선을 악하다 하며 흑암으로 광명을 삼으며 광명으로 흑암을 삼으며 쓴 것으로 단 것을 삼으며 단 것으로 쓴 것을 삼는 자들은 화 있을진저"(사 5:20-21).

영적인 지식을 믿지 않는 사람도 눈먼 자다. 믿는 자라면 자기의 영적인 시력을 나쁜 상태로 두어서는 안 된다. "진실로 생명의 원천이 주께 있사오니 주의 빛 안에서 우리가 빛을 보리이다"(시 36:9). 하나님은 빛이시고(요일 1:5) 하나님의 아들이신 예수님도 빛이시며(요 8:12) 하나님의 성령(계 4:5)과 하나님의 말씀(시 119:105)도

빛이다. 이 거룩한 빛에 친숙해지면 자연의 빛과 역사의 빛, 문학의 빛 등 다른 빛을 더 잘 이해할 수 있다. 학창 시절, 역사, 미술, 문학과 같은 과목을 이해하는 데 성경 지식이 큰 도움이 되었다. 예를 들어, 『모비 딕』(*Moby Dick*)의 첫 문장 "나를 이스마엘이라 부르라!"를 읽자마자 나는 그 맥락을 바로 이해했다.

성령님은 우리가 마주치는 사람과 상황만이 아니라 우리 자신에 대해 가르치기 위해 말씀의 빛을 사용하신다. 내가 과거의 역사를 공부할 때 하늘 아버지는 진실만이 아니라 사실과 특성, 행실과 신념과 의견까지 보기를 바라셨다. 캠벨 모건(G. Campbell Morgan)이 말한 것처럼 참으로 "역사는 하나님의 역사"인 것이다.

또한 예수님은 두 가지 모두를 보는 눈에 대해 경고하셨다. 즉, 예수님을 바라보려고 노력하는 동시에 세상이 주는 것도 원하는 눈 말이다. 사실 우리는 하나님 안에서 얼마나 성장하느냐보다 우리 문화에서 정의하는 성공인 얼마나 벌고 얼마만큼 소유했는지에 더 영향을 받는다. 그러나 이런 탐욕은 매우 위험한 죄다. 우리는 '물건'을 소유했다고 자랑하지만, 사실 물건이 우리를 소유한 것일 수도 있다. 그러므로 우리 소유에 휘둘리지 말고, 그것으로 이웃을 섬기고 여호와를 영화롭게 하여 하늘에 보물을 쌓아야 한다. 사람들을 의식하여 '체면 유지'에만 집중하다가는 이 땅에 보물을 쌓고 여호와의 진짜 보물은 빼앗길지도 모른다.

근심은 탐욕의 한 가지 증상이다(마 6:23-34). 왜 그럴까? 하나님을 섬기는 일에 사용한 보물은 하늘에 안전하게 기록되지만, 이 땅의 보물은 도난당하거나 부패할 수 있기 때문이다. 어느 헌신적인 그리스도인이 기독교 대학에 큰돈을 기부했는데, 몇 달 뒤 들이닥친 세계 경제 위기로 거의 같은 액수의 큰돈을 잃어버렸다. 친구가 그에게 말했다. "그 많은 돈을 줘버렸으니 참 안됐네. 그 돈이면 사업을 재건할 수 있을 텐데." 그 말에 사업가가 말했다. "그렇지 않네! 하나님께 그 돈을 드렸으니까 그 돈은 여전히 내 돈일세. 하늘에 안전히 보관되어 있네!"

골로새서 3장 5절에 따르면 탐심은 우상 숭배다. 믿음과 소망을 영이 아니라 물질에 두고, 하나님이 아니라 우리 자신을 위해 그것을 사용하기 때문이다. 만일 하늘의 유업을 원한다면 지금부터라도 하나님의 영광을 위해 자신의 재산을 사용해보라(마 6:19-21). "네가 이 세대에서 부한 자들을 명하여 마음을 높이지 말고 정함이 없는 재물에 소망을 두지 말고 오직 우리에게 모든 것을 후히 주사 누리게 하시는 하나님께 두며"(딤전 6:17).

더 많은 물건을 원하는 사람은 도무지 만족할 수 없다(전 4:8). 돈을 모으거나(딤전 5:8) 물건을 소유하는 일 자체가 악하다는 것이 아니라 물건이 우리를 소유하도록 내버려두는 일이 악하다는 것이다. "돈을 사랑함이 일만 악의 뿌리가 되나니"(딤전 6:10). 젊은 부자가 영생을 거절하는 모습을 보고 예수님은 매우 슬퍼하셨다. "재물이 있는 자는 하나님의 나라에 들어가기가 얼마나 어려운지!"(눅 18:24). 그 말을 들은 제자들은 놀라서 질문했다. "누가 구원을 얻을 수 있나이까?" 당시 유대인은 재산이 많은 사람이 하나님께 축복받은 사람이라고 믿었으나 예수님은 반대로 가르치셨다(눅 6:20-26; 12:15).

| 하나님을 구한다 |

예수님은 세상 사람들이 구하는 것이 무엇인지 말씀하셨다. "그러므로 염려하여 이르기를 무엇을 먹을까 무엇을 마실까 무엇을 입을까 하지 말라 이는 다 이방인[불신자]들이 구하는 것이라 너희 하늘 아버지께서 이 모든 것이 너희에게 있어야 할 줄을 아시느니라 그런즉 너희는 먼저 그의 나라와 그의 의를 구하라 그리하면 이 모든 것을 너희에게 더하시리라 그러므로 내일 일을 위하여 염려하지 말라 내일 일은 내일이 염려할 것이요 한 날의 괴로움은 그날로 족하니라"(마 6:31-33). 잡지나 신문, 텔레비전과 라디오에서는 물질을 사고 물질 위에 삶을 세우라고 강조한다. 물질을 소유하고 즐기는 일 자체는 아무 잘못이 없다. 그러나 예수님의 눈에 물질은 하나님과 하나님의 나라를 삶의 우선순위에 두는 사람에게 하늘 아버지가 주시는 '특별 배당'이다. 그래서 물질만을 위해 사는 사람은 더 큰 축복, 즉 하나님의 의와 삶에 대한 하나님의 통치를 도둑질당한다. 물질을 위해 사는 사람은 근심이 많지만, 하나님을 우선순위에 두고 그분의 나라를 확장하려는 신자는 하나님이 자신의 모든 필요를 채우신다는 확신이 있다(빌 4:19).

예수 그리스도를 우리의 구세주요 주님으로 신뢰할 때 하나님의 의를 얻고 그분의 나라에 들어갈 수 있다(고후 5:16-21). 또한 예수님께 순종하고, 잃어버린 영혼에게 그리스도를 영접하라고 전하는 사람은 더욱 신실해지며, 하나님께 잘 쓰임 받는 사람이 될 것이다. "주의 나라가 임하시오며"라는 짧은 기도는 그리스도의 재림을 가리키기도 하지만, 주의 나라가 오늘 우리의 가정과 학교, 직장과 병원, 나라에 임하기를 바라는 하나님의 마음도 담겨 있다. 헌신된 신자가 있는 곳에는 하나님의 나라가 있다. 우리가 그리스도를 제일로 삼고 그분께 순종할 때 성령 안에서 걸어가는 우리를 통해 성령님이 일하실 것이다.

바울이 빌립보 감옥에 있을 때를 생각해보라. 하나님의 나라가 그곳에 있었고, 하나님이 바울을 돌보셨다(행 16:16-34). 바울이 풍랑 속을 항해하는 배에 있을 때도 하나님은 그와 함께해주셨다(행 27장). 바울은 죄수의 몸으로 로마에 있을 때 디모데에게 편지를 보냈다. "내가 처음 변명할 때에 나와 함께한 자가 하나도 없고 다 나를 버렸으나…주께서 내 곁에 서서 나에게 힘을 주심은"(딤후 4:16-17). 세상의 왕은 바울을 대적했지만 만왕의 왕은 바울 편이셨다.

세상은 물질을 구하고 근심과 불만에 싸여 있지만, 먼저 예수 그리스도를 구하는 신자는 모든 필요를 공급받는다. 훗날 하나님의 백성은 하늘의 영원한 빛을 보겠지만(계 22:5), 불신자는 영원한 '바깥 어둠'에 있을 것이다(마 8:10-12; 22:13; 25:30). 아마도 불신자는 하나님의 백성이 어둠 가운데 있고 정신을 차려야 한다고 생각할 것이다. 그러나 세상의 빛이신 예수님을 믿어야 할 사람은 오히려 그 불신자다(요 8:12). 예수님이 이렇게 말씀하신 것을 기억하라. "나는 빛으로 세상에 왔나니 무릇 나를 믿는 자로 어둠에 거하지 않게 하려 함이로라"(요 12:46).

"눈은 몸의 등불이니 그러므로 네 눈이 성하면 온몸이 밝을 것이요 눈이 나쁘면 온몸이 어두울 것이니 그러므로 네게 있는 빛이 어두우면 그 어둠이 얼마나 더하겠느냐" _ 마 6:22-23

보통 세상은 밝게 빛나고 그리스도인은 어두움 가운데 있다고 생각하지만, 사실은 세상이 어두움 가운데 있고 그리스도인이 빛 가운데 있다는 것이 이 말씀에 담긴 역설이다.

Paradoxes
9

무명한 자 같으나 유명한 자다

무명한 자 같으나 유명한 자요 _ 고후 6:9

사울이 예루살렘에 가서 제자들을 사귀고자 하나 다 두려워하여 그가 제자 됨을 믿지 아니하니 바나바가 데리고 사도들에게 가서 그가 길에서 어떻게 주를 보았는지와 주께서 그에게 말씀하신 일과 다메섹에서 그가 어떻게 예수의 이름으로 담대히 말하였는지를 전하니라 사울이 제자들과 함께 있어 예루살렘에 출입하며 _ 행 9:26-28

대저 사람의 길은 여호와의 눈앞에 있나니 그가 그 사람의 모든 길을 평탄하게 하시느니라 _ 잠 5:21

여호와의 눈은 어디서든지 악인과 선인을 감찰하시느니라 _ 잠 15:3

바울이 아덴에서 그들을 기다리다가 그 성에 우상이 가득한 것을 보고 마음에 격분하여 회당에서는 유대인과 경건한 사람들과 또 장터에서는 날마다 만나는 사람들과 변론하니 어떤 에피쿠로스와 스토아 철학자들도 바울과 쟁론할새 어떤 사람은 이르되 이 말쟁이가 무슨 말을 하고자 하느냐 하고 어떤 사람은 이르되 이방신들을 전하는 사람인가보다 하니 이는 바울이 예수와 부활을 전하기 때문이러라 _ 행 17:16-18

보라 아버지께서 어떠한 사랑을 우리에게 베푸사 하나님의 자녀라 일컬음을 받게 하셨는가, 우리가 그러하도다 그러므로 세상이 우리를 알지 못함은 그를 알지 못함이라 _ 요일 3:1

예수는 그의 몸을 그들에게 의탁하지 아니하셨으니 이는 친히 모든 사람을 아심이요 또 사람에 대하여 누구의 증언도 받으실 필요가 없었으니 이는 그가 친히 사람의 속에 있는 것을 아셨음이니라 _ 요 2:24-25

지으신 것이 하나도 그 앞에 나타나지 않음이 없고 우리의 결산을 받으실 이의 눈앞에 만물이 벌거벗은 것같이 드러나느니라 _ 히 4:13

내가 좋아하는 머그잔에 이런 문구가 적혀 있다. "명성을 얻는 것은 한순간이지만 성품을 얻으려면 평생이 걸린다." 누가 한 말인지는 적혀 있지 않아서 모르겠지만 틀림없는 사실이다. 미국의 작가 엘버트 허버드(Elbert Hubbard)도 비슷한 말을 남겼다. "자신의 명성과 성품이 거리에서 만나면 서로 알아보지 못할 사람이 많다."

역사를 보면 수백만이 알 정도로 명성이 자자하지만, 절대 닮고 싶지 않은 성품을 가진 사람들이 있다. 원래 성품이 순수한 사람인데도, 그에게 악한 감정과 시기심을 품은 원수들의 거짓말 때문의 그 평판이 땅에 떨어지는 경우도 있다. 사도 바울이나 주 예수 그리스도는 두 번째 경우다. 예수님의 원수들은 그분께 귀신이 들렸다고 비난하는 것으로 부족했는지 먹기를 탐하고 포도주를 즐기는 사람이라고 조롱했다(마 11:18-19).

고린도 교인들은 네 가지 분파로 나뉘었다. 바울의 성품과 사역에 대한 의견 차이 때문에 생긴 분열이었다(고전 1:10-17). 일부는 그의 사도적 권위에 의문을 품었고, 일부는 그가 개인의 이익을 위해 사역하고 있다고 비난했다. 바울은 편지로 자신의 상황을 밝히면서 교회가 하나님의 뜻에 불순종한 부분을 사랑으로 지적했다. 고린도의 그리스도인들은 바울을 잘 안다고 주장했지만, 사실은 전혀 알지 못했다. 그래서 바울은 그들을 위해 자신이 감내했던 온갖 위험과 고초를 편지에 적었다(고후 11-12장). 바울은 유명 인사도 아니고 그렇게 되고 싶은 마음도 없었다. 그는 성실한 종이자 "무명한 자 같으나 유명한 자"(고후 6:9)였다. 교회사를 보면 바울처럼 사람들을 위해 열심히 수고하고 고난까지 감내했으나 섬겨준 사람들에게서 비판과 멸시를 받은 사람이 무수히 많다.

"무명한 자 같으나 유명한 자"라는 이 역설을 묵상하면서 나는 세 가지 질문을 하게 되었다.

| 우리는 다른 사람을 정말로 아는가? |

60년이 넘는 사역 기간에 아내와 나는 미국을 비롯한 세계 곳곳에서 다양한 사람을 만났다. 그중에는 매우 잘 알게 된 사람도 있고 이따금 연락하는 정도의 사람도 있다. 그냥 아는 사이에서 깊은 우정의 관계로 들어가려면, 함께 여행하거나 그들의 집에서 함께 시간을 보내야 한다. 바울은 처음 고린도에 가서 18개월 동안 사역했다. 에베소에서 3년 동안 머물렀던 것에 비할 바는 아니지만 고린도 교인들을 사랑하고 그들을 마음에 품기에 충분한 시간이었다.

그러나 일부 고린도 교인은 바울을 자신들의 마음에 품지 않았고, 이것은 심각한 문제를 일으켰다. 고린도 교인들에게 보내는 첫 번째 편지에서 바울은 하나님이 자신과 사도들을 세상에 "구경거리"(고전 4:9)가 되게 하셨다고 적었다. 구경거리에 해당하는 헬라어 *theatron*(테아트론)에서 극장을 의미하는 영어 단어 theater(시어터)가 나왔다. 다시 말해, 사람들이 바울을 연기하는 배우 정도로 여겼다는 뜻이다. 바울을 위선자로 보았다는 말인데, 헬라어로 위선자를 뜻하는 단어의 의미가 바로 '연극배우'다. 바울이 살던 당시에도 증인의 삶에 진지하게 임하지 않고 그저 연기만 하는 사람들이 있었지만(고후 11:5-15), 바울은 절대 그런 부류가 아니었다. 사실 내가 겪어본 사람 중에도 그런 사람이 있었다. 나중에 그가 한 말은 전부 거짓으로 판명되었고, 결국 그는 데마처럼 세상으로 돌아갔다(딤후 4:10).

이렇게 바울은 제대로 인정받지 못한 때가 있었다. 심지어 그리스도의 사도들마저 바울을 사도의 일원으로 인정하지 않고 두려워했다. 그들은 바나바가 하는 말을 듣고 나서야 생각을 바꾸었다(행 9:26-30). 아덴의 그리스 철학자들은 바울을 이상한 것을 전하는 철학자라고 생각했다(행 17:18-20). 또 로마의 군인들은 바울을 도망친 이집트인 범죄자라고 생각했다(행 21:37-39). 로마의 베스도 총독은 바울에 대해 아무것도 몰랐으나 바울에게 죄가 없다는 것을 인정했다(행 25:13-27). 심지어 귀신들도 바울을 인정했다(행 19:11-15)! 바울은 사역하는 내내 거짓이 없었고 언제나 정직하고 속임수도 쓰지 않았다(고후 6:1-10).

교인이나 직원이 정말로 거듭났는지를 어떻게 확인할 수 있는가(벧후 2:1-3)? 사도 요한은 첫 번째 서신에서 참된 그리스도인을 표시하는 특징을 제시하는데, 먼저 주의 계명을 지키는 사람을 들 수 있다(요일 2:1-6). 참된 신자는 하나님의 사람들을 사랑하고(2:7-11), 변함없이 그리스도인으로서 삶을 유지한다(2:12-14). 그들은 세상과 구별되며(2:15-17), 하나님의 백성과 말씀에 성실한 태도를 보인다(2:18-23). 적그리스도가 교회를 오염하는 일을 막으려면(2:18-19) 성령의 인도하심을 구해야 한다(2:20, 27). 예수님은 가라지 비유에서, 사탄은 위조하는 자라서 가짜 그리스도인을 심지만, 예수님은 참 그리스도인을 심는다고 경고하셨다(마 13:24-30, 36-43). 바울도 같은 내용을 전했다(고후 11:13-15). 우리는 하나님께 겸손과 지혜를 구하고(약 1:5) 마태복음 7장 1-6절의 교훈을 명심해야 한다. 그렇지 않으면 우리가 섬기고 수고하는 사람들을 제대로 알지 못할 수도 있다. 사람들에게 오해받은 경험이 있다면 그 일이 얼마나 고통스러운지 잘 알 것이다.

예수님은 모든 사람의 속에 있는 것을 아신다(요 2:23-25). 베드로가 누구이며 장차 어떻게 될지를 아셨으며(요 1:42; 21:17-19), 나다니엘이 누구인지 아셨다(요 1:43-51). 사람들의 마음과 생각을 아시고(요 5:38-47; 6:60-66), 비판하는 자들의 생각을 아셨다(마 9:4; 12:25). 그뿐만 아니라 유다가 반역자인 것도 아셨다(요 6:67-71; 13:11). 다윗 왕은 아들 솔로몬에게 "여호와께서는 모든 마음을 감찰하사 모든 의도를 아시나니"(대상 28:9)라고 충고해주었다. 다윗은 하나님이 “마음의 비밀을 아시나이다”(시 44:21; 139:1-6)라는 말도 남겼다. 이런 말씀도 있다. “만물보다 거짓되고 심히 부패한 것은 마음이라 누가 능히 이를 알리요마는”(렘 17:9). 사도 요한은 당시와 오늘의 교회에 이렇게 경고한다. “모든 교회가 나는 사람의 뜻과 마음을 살피는 자인 줄 알지라”(계 2:23).

하나님의 일을 하는 데 연륜이 있고 성숙한 사람일수록 자신을 공격하는 사람이나 자신과 많이 다른 사람을 더 잘 이해하고 용서할 수 있다. 나는 이것을 타협이라고 생각하지는 않는다. 오히려 주님의 도움으로 ‘성내지 않으며 모든 것을 참는’ 사랑을 실천하고 있다고 믿는다(고전 13:5, 7). 이제는 나와 같은 부류가 아닌 사람도 ‘그리스도인’이라고 부르기가 훨씬 편해졌다. 그들도 나에 대해 똑같이 느꼈으면 하는 바람이다.

| 우리는 자신을 정말로 아는가? |

심리학자들의 말에 따르면, 어린 시절은 가장을 하는 시기라고 한다. 그러나 성숙은 가면을 쓰지 않은 진실함을 요구한다. 성숙은 현실을 통해서만 계발된다. 마태복음 23장에서 예수님은 바리새인들을 외식하는 자라고 비난하셨는데, 헬라어로 ‘외식하는 자, 위선자’는 ‘연극배우’를 의미한다. 고대 그리스에서 배우는 가면을 쓰고 다양한 배역을 연기했다. 우리도 어떻게 보면 부모, 형제, 회사원, 친구, 이웃 등 하루에도 여러 가지 배역을 감당해야 한다. 그러나 얼마나 다양한 역할을 맡든, 그가 언제나 같은 사람이라는 사실이 중요하다. 우리 자신에게 충실하면 우리의 모든 삶이 통합되지만, 거짓 자아가 나타나면 두 마음을 품게 되고 모든 일이 불안정해진다(약 1:8). 이런 사람은 잠시 사람들에게 좋은 인상을 줄 수는 있겠지만, 하나님을 영화롭게 하고 열매 맺는 신앙생활을 가능하게 하는 성숙한 성품을 기르지는 못한다.

하나님이 자신을 어떻게 생각하시는지, 자신을 통해 무엇을 이루실지와 같이, 자신에게 어떤 가능성과 잠재력이 있는지 잘 모르는 사람이 많다. 모세는 자기에게 이스라엘을 이끌 자격이 없다고 하나님께 항변했다(출 3-4장). 그러나 하나님께 순종했을 때 그가 달성한 일을 보라. 기드온은 자신과 자기 가족이 실패했다고 생각했지만, 하나님은 그를 용감한 대장으로 바꾸셨다(삿 6-7장). 예레미야 선지자는 자신이 아직 어려서 사역할 준비가 되지 않았다고 생각했으나 하나님은 그를 종으로 놀랍게 쓰셨다(렘 1장).

자신에게 솔직하지 않은 사람은 실패할 위험이 항상 있다. 사울 왕은 건장한 신체에 많은 인기를 누렸으나 시기심과 교만, 점진적인 영적 부패로 결국 패배와 죽음을 맞이했다. 사도 베드로는 예수님을 위해 목숨도 버릴 수 있다고 장담했던 용감한 사람이었다. 그러나 그는 기도해야 할 때 잠이 들고, 순종해야 할 때

공격하며, 도망쳐야 할 때 따라갔다. 베드로만 그런 것이 아니다. 모든 사도가 베드로의 자랑을 따라 했다는 점에서 그들도 모두 죄인이다(마 26:31-35).

서기관과 바리새인은 하나님의 진리를 받지 못하도록 방해하는 거짓 자아를 키우는 죄를 범했다. 그들은 정직하게 자신과 대면하고 하나님의 뜻에 순복하기를 거부했다.

어떻게 하면 우리 자신과 좋은 관계를 맺을 수 있을까? 히브리서 12장 1-11절에서 강조하듯이 하나님의 가르침에 집중하고 그분의 시험에 순복함으로써 가능하다. 사탄은 우리에게서 최악의 모습을 끌어내려고 우리를 유혹하지만, 하나님은 우리에게서 최선의 모습을 끌어내려고 우리를 시험하신다. 하나님이 우리를 책망하실 때는 범죄자를 벌하는 심판이 아니라 자녀가 스스로 깨닫고 성장하도록 도와주는 사랑 많은 아버지로서 그렇게 하신다. 다윗은 하나님께 많은 시험을 받았지만 믿고 순종한 덕분에, 양치는 소년에서 승리한 군사이자 성공한 왕이 되었다.

하나님의 가족 안에 있는 형제자매로서 우리는 다른 사람들이 자기 장점을 발견하고 약점을 극복하도록 도와준다. 하나님은 감사하게도 나 자신과 내 일을 더 잘 깨닫도록 가족과 친구, 동료들을 보내주셨다. "친구의 아픈 책망은 충직으로 말미암는 것이나 원수의 잦은 입맞춤은 거짓에서 난 것이니라"(잠 27:6). 우리는 하나님의 말씀 거울로 우리 자신을 비추어보고(약 1:21-27), 우리

약점을 다루고 강점을 보호해달라고 하나님께 간구해야 한다. 아울러 우리 죄를 하나님께 자백하고(요일 1:9) 말씀의 물로 깨끗이 씻어내야 한다(엡 5:26). 하나님이 용서해주시면 우리는 겸손해지며, 우리가 하나님께 속한 사람이자 하나님의 사랑을 받는 사람이라는 확신이 생긴다.

| 우리는 하나님을 정말로 아는가? |

구약성경에서 이스라엘 민족은 위대하신 하나님에 대해 종종 영적인 무지, 즉 마음과 생각으로 이해하지 못하는 죄를 범했다. 그들은 하나님의 말씀을 듣고 놀라운 기적을 보았지만, 고의로 하나님의 뜻에 불순종하고 때로는 하나님을 시험하며 그분께 반항했다. 사복음서를 보면 열두 제자가 예수님의 성품과 능력, 행위를 언제나 이해한 것은 아니었다. 때로 그들은 터무니없는 일을 제안하기도 했다. 이스라엘 민족이나 사도들을 비난하기 전에 교회사에 기록된 믿음의 선배들을 한번 보라. 안타깝지만 그들도 우리와 마찬가지로 항상 순종하지는 못했다.

열두 제자는 예수님과 함께 지내며 직접 그분의 말씀을 듣고 그분의 행동을 보는 특권을 누렸지만, 예수님을 제대로 알지 못할 때가 많았다. 그들은 예수님의 이름으로 귀신을 내쫓은 사람을 꾸짖기도 하고(막 9:38-41), 부모들이 아이들을 예수님께 데려오는 일을 막기도 했다(막 10:13-16). 야고보와 요한은 비협조적인 사마리아 마을이 멸망하도록 하늘에서 불이 떨어지기를 바랐다(눅 9:51-56). 그들은 굶주린 군중이 알아서 음식을 구하게 하자고 예수님께 말했고(마 14:15), 자신들을 귀찮게 하는 이방 여인을 예수님이 쫓아주시기를 바랐다(마 15:22-28). 또 예수님이 예루살렘에서 십자가에 달릴 것이라고 제자들에게 말씀하자 베드로는 즉시 태도를 바꾸어 예수님께 항변했다(마 16:21-23). 예수님이 어느 날 이렇게 외치신 것도 충분히 이해가 된다. "내가 얼마나…너희에게 참으리요"(마 17:17)?

하나님은 우리가 하나님을 개인적으로 알기를 바라신다. 하나님을 아는 것이 그분을 사랑하는 일이고, 하나님을 사랑하는 것이 곧 순종하고 경배하는 일이기 때문이다. 우리는 하나님을 아는 것에 자랄수록(골 1:10) 하나님을 섬기는 데 필요한 은혜와 평안을 날마다 받는다(벧후 1:2). 하나님은 마음에 빛을 비추셔서 우리에게 "예수 그리스도의 얼굴에 있는 하나님의 영광을 아는 빛"(고후 4:6)을 주신다. 하나님을 아는 데까지 자라려면 영원한 시간이 걸리겠지만, 오늘부터라도 날마다 배우고 자라는 일을 시작해보라. 바울은 "그리스도와 그 부활의 권능과 그 고난에 참여함을 알고자 하여 그의 죽으심을 본받[는 것]"(빌 3:10)이 자신의 최고 소망이라고 말했다. 바울은 그리스도의 삶과 죽음에 참여하기 전에 먼저 그리스도를 개인적으로 아는 것과 부활하신 그리스도의 승리에 대한 체험 그리고 그리스도를 위해 고난에 참여하는 것이 필요하다고 설명한다. 이 모든 결과로, 우리는 점점 이 세상의 형상이 아니라 그리스도의 형상을 닮아간다(롬 8:29; 12:1-2).

하나님이 바라시는 것은 우리가 주의 뜻을 알고(행 22:14) 이해하며(엡 5:17), 주의 뜻 안에서 기뻐하고(시 40:8), 마음에서 우러나 주의 뜻에 순종하는 것이다(엡 6:6). 하나님은 우리를 격려하고 능력있게 하시려고 하나님의 성령과 말씀, 교회를 주셨다. 하나님은 모든 은혜의 하나님이고(벧전 5:10), 살아 계신 하나님이며(시 42:2), 자비의 하나님이자(출 34:6) 전능하신 하나님이다(계 1:8; 4:8). 또한 거룩한 하나님이고(시 99:9), 사랑과 평강의 하나님이며(고후 13:11), 인내와 위로의 하나님이고(롬 15:4), 우리가 "우리 하나님"(고전 6:11) 혹은 "나의 하나님"(빌 4:19)으로 부를 수 있는 분이다.

예수님은 하늘 아버지를 우리에게 보이기 위해 오셨다. "너희가 나를 알았더라면 내 아버지도 알았으리로다"(요 14:7). 우리가 전도해야 하는 아직 회심하지 않은 사람들은 구약성경에 묘사된 하나님에 집중하며, 하나님이 여러 도시를 파괴하고 무고한 사람들을 죽인 폭군이라고 주장한다. 이 불신자들이 신학을 안다면 그 케케묵은 주장에 일일이 답변하겠지만, 나는 그러는 대신 예수님을 보여주려 한다. 어린아이를 품에 안으시는 하나님! 나병환자를 만지고 고치시는 하나님! 눈먼 자를 보게 하시는 하나님! 굶주린 수천 명을 먹이시는 하나님! 세상 죄를 지고 십자가에 달려 돌아가신 하나님! 이런 분이 무자비한 폭군으로 보이는가?

예수님과 바울처럼 모든 신실한 그리스도인은 "무명한 자 같으나 유명한 자"다.

사람들의 시기심으로 얼룩진 비판과 부당한 비난을 당할 수도 있다. 그러나 우리는 예수님과 바울처럼 계속 살아가며 사역하면서 오직 하나님만을 섬기고 그분을 영화롭게 해야 한다. 오직 이 말을 듣기 위해서다. "잘하였도다 착하고 충성된 종아 네가 적은 일에 충성하였으매 내가 많은 것을 네게 맡기리니 네 주인의 즐거움에 참여할지어다"(마 25:21).

다음은 나에게 격려를 주었던 스코틀랜드의 위대한 설교자 조지 모리슨(George H. Morrison)의 말이다.

> 당신이 진실로 그리스도를 따른다면 자신을 설명하려고 애쓰지 말고, 다른 사람들에게 이해받으려고 열망하지 말며, 이해받겠다고 흥분하지 마라. 주의 십자가를 지고 조용히 공부하며 시간을 아끼고 담대하게 빛을 따르라. 다만 당신이 이름 없는 한 사람으로서 모든 성도와 함께 하늘을 향해 걷고 있다는 것을 기억하라.[1]

1 George H. Morrison, *The Unlighted Luster* (London: Hodder and Stoughton, n.d.), 274-75.

Paradoxes
10

슬프지만
항상 기쁘다

| 눈물을 흘리며 씨를 뿌리는 자는 기쁨으로 거두리로다 울며 씨를 뿌리러 나가는 자는 반드시 기쁨으로 그 곡식 단을 가지고 돌아오리로다 _ 시 126:5-6

| 나의 영혼이 번민하고 종일토록 마음에 근심하기를 어느 때까지 하오며 _ 시 13:2

| 사망의 줄이 나를 두르고 스올의 고통이 내게 이르므로 내가 환난과 슬픔을 만났을 때에 _ 시 116:3

| 그가 비록 근심하게 하시나 그의 풍부한 인자하심에 따라 긍휼히 여기실 것임이라 _ 애 3:32

| 근심하지 말라 여호와로 인하여 기뻐하는 것이 너희의 힘이니라 _ 느 8:10

| 내가 이것을 너희에게 이름은 내 기쁨이 너희 안에 있어 너희 기쁨을 충만하게 하려 함이라 _ 요 15:11

| 여자가 해산하게 되면 그때가 이르렀으므로 근심하나 아기를 낳으면 세상에 사람 난 기쁨으로 말미암아 그 고통을 다시 기억하지 아니하느니라 지금은 너희가 근심하나 내가 다시 너희를 보리니 너희 마음이 기쁠 것이요 너희 기쁨을 빼앗을 자가 없으리라 _ 요 16:21-22

| 소망 중에 즐거워하며 환난 중에 참으며 기도에 항상 힘쓰며 _ 롬 12:12

| 근심하는 자 같으나 항상 기뻐하고 _ 고후 6:10

| 주 안에서 항상 기뻐하라 내가 다시 말하노니 기뻐하라 _ 빌 4:4

'슬프지만 항상 기뻐한다'는 역설은 만만치 않은 일이지만 위로를 주는 진리다. 이 땅에 사는 동안 우리는 짧으면 몇 시간, 길면 여러 날 슬픔과 고통을 경험한다. 그러나 하늘 아버지는 변함없이 우리의 "자비의 아버지시요 모든 위로의 하나님"(고후 1:3)이 되신다. 하나님의 아들 예수님은 "간고를 많이 겪었으며 질고를 아는"(사 53:3) 분이고, 은혜의 보좌에서 우리를 위해 중보하시는 큰 대제사장이다(히 4:14-16). 성령님은 우리 안에 거하시고 우리를 도우시는 보혜사다(요 14:16, 20). 하나님의 백성인 우리는 이웃을 위로함으로써 위로를 얻는다(고후 1:3-7). 또 슬픔의 학교에서 다른 방법으로는 배우기 힘든 귀중한 교훈을 얻을 수 있다.

바울이 남긴 역설에서 세 단어를 묵상하며 아무리 고통스러운 상황이라도 그리스도인이 기뻐할 수 있는 이유를 찾아볼 것이다.

| 슬픔 |

바울은 감당할 수 없는 슬픔을 느꼈다. 그중에서 가장 큰 슬픔은 '모든 교회를 위한 염려'였다(고후 11:28). 그는 이스라엘을 위해 울며 그들의 구원을 위해 기도했다(롬 10:1). 세속에 물든 교회 안에 있는 그리스도인들을 보며 눈물을 흘렸다(빌 3:17-21).

나는 교회 세 곳에서 목회할 동안 많은 목사와 상담하면서 하나님의 백성을 향한 바울의 부담을 이해하게 되었다. 슬픔이 너무 과도하여 우리를 마비시키거나 어리석은 행동으로 몰아가지만 않는다면, 슬픔 자체는 죄가 아니다. 이와 관련된 어떤 남자의 이야기가 생각난다. 그는 아내가 죽은 뒤 완전히 정신이 나가서 아내의 무덤에 두꺼운 콘크리트 슬래브를 치려고 했다. 눈이나 비가 관에 닿지 못하게 하겠다는 이유였다. 아내에 대한 사랑이 무척이나 컸음이 분명하지만, 그는 슬픔 때문에 냉정함을 잃고 비상식적으로 행동하려 했다. 마음을 부드럽게 하여 사람들을 격려해야 할 때 슬픔 때문에 우리는 이기적인 사람이 되기도 한다.

고린도 교회에 두 번째 편지를 보내는 바울은 슬퍼하고 있었다. 고린도 교회에 분열이 있었고(고전 1:10-17), 일부 교인은 바울의 사도로서 권위에 의문을 제기했다. 그는 유대에 있는 가난한 성도들을 위한 연보를 후히 하라고 이방 교회에 촉구했지만, 고린도 교회에서는 연보가 지체되었다. 바울이 고린도 교회를 방문하려던 계획을 변경하자 일부 교인은 분노했다. 가만 보면 하나님의 종이 무슨 행동을 해도 그 뜻을 오해하고 비판하며 문제를 일으키는 사람이 어느 교회에나 있는 것 같다.

건강과 재물을 강조하는 번영 신학자들이 무슨 말을 하든 그리스도인은 고난과 슬픔에서 안전하지 않다. 그리스도인의 삶의 목표는 그리스도를 닮는 것이다(롬 8:28-29). 그런데 그리스도는

"간고를 많이 겪었으며 질고를 아는 자"(사 53:3)이셨다. 바울은 그리스도의 기쁨도 경험했지만 그만큼 '그리스도의 고난에 참여'(빌 3:10)했다. 예수 그리스도를 따르면 전쟁과 부담에서 면제되는 것이 아니라 믿는 사람에게만 일어나는 문제와 갈등을 겪게 된다. 예수님은 제자들에게 이렇게 말씀하셨다. "세상에서는 너희가 환난을 당하나 담대하라 내가 세상을 이기었노라"(요 16:33).

예수님은 우리의 슬픔을 해산하는 여인의 고통에 비유하셨다(요 16:20-22). 이 말은 우리의 고통이 영원하지 않으며 일단 목적이 성취되면 기쁨이 있다는 뜻이다. "저녁에는 울음이 깃들일지라도 아침에는 기쁨이 오리로다"(시 30:5). 예수님은 겟세마네 동산에서 슬픔에 휩싸이셨다. 십자가에서 수치와 고통을 당하리라는 것을 잘 아셨기 때문이다(마 26:38). 그러나 하늘 아버지가 예수님의 기도를 들으시고 그분께 힘을 주셨다. 우리 인생에 낮과 밤이 있고 여름과 겨울이 있듯이, 우리에게는 고통과 희락, 슬픔과 기쁨이 있다. 햇빛만 있으면 사막이 되고, 희락만 있으면 미성숙하고 천박한 성품을 가진 사람이 될 것이다. 그래서 사랑이 많으신 하늘 아버지는 우리에게 균형 있는 인생의 경험을 주신다. 그 경험을 통해 우리는 점점 성숙해지며 어려움에 용감히 대처하는 법을 배운다.

최초의 인간이 지은 죄 때문에 "피조물이 다 이제까지 함께 탄식하며 함께 고통을 겪고"(롬 8:22) 있으며, 이 상황은 우리 모두에게 영향을 끼친다. 언젠가 한밤중에 토네이도가 우리 집을 지나

친 적이 있다. 앞마당에 있던 큰 나무가 뽑혀 거리로 내동댕이쳐졌다. 나무는 뽑혔지만 집은 무사해서 다행이었다. 토네이도는 한 가지 예일 뿐이다. 우리 몸과 우리가 사는 세상은 예수님이 자신의 나라를 세우기 위해 돌아오실 때까지 구원받지 못하는 타락한 피조물의 일부다. 하나님이 거룩한 계획을 실행하고 계시지만 우리로서는 그분이 하시는 모든 일을 설명할 수 없다. 하지만 하나님이 우리를 사랑하시고 우리를 위한 최선을 계획하신다는 것은 알고 있다. "미래가 어떻게 될지는 모르지만 미래가 누구 손에 있는지는 안다"라는 찬송의 가사 그대로다.

타락한 창조계도 신음하지만 우리 구세주도 이 땅에서 사역하실 때 신음하셨다. 나사로의 무덤에서 예수님은 친구들이 우는 모습을 보시고 자신도 심령에 비통히 여기고 안타까워하셨다(요 11:33; 38절 참고). 예수님은 나사로를 죽은 자 가운데서 살리실 참이었지만, 두 자매와 친구들이 느끼는 고통을 함께 느끼지 않으실 도리가 없었다. 예수님은 "즐거워하는 자들과 함께 즐거워하고 우는 자들과 함께 울라"(롬 12:15)는 말씀을 몸소 보이신 것이다.

고통과 슬픔이 다가올 때 그리스도를 모르는 사람들은 세상에 도움을 청한다. 여기서 세상이란 술과 마약, 유흥과 과식, 쇼핑 등 다른 종류의 일탈을 말한다. 우리 안에 어떤 것이 있는지에 따라 우리 삶이 그렇게 이루어져갈 것이다. 주님에 대한 믿음이 없는 삶은 무너져내릴 수밖에 없다. 불신자는 '내가 여기서 어떻게 벗어나지?'라고 질문하지만 하나님의 자녀는 '내가 여기서 무엇을 배우지?'라고 질문하기 때문이다. 힘든 시기에 그리스도인이 보이는 한결같은 믿음은 믿음 없는 세상에 훌륭한 증거가 될 것이다. 또 고난의 시간에 우리는 진정한 필요가 무엇인지, 하나님이 얼마나 자비롭게 우리에게 공급해주시는지를 깨닫게 될 것이다. 성령님은 우리의 기도를 도우시며 "말할 수 없는 탄식으로 우리를 위하여 친히 간구"(롬 8:26)하신다. 같은 장에서 바울은 예수님을 만날 때 갖게 될 영화로운 새 몸을 갈망하며 모든 신자가 속으로 탄식하고 있다고 했다(23절).

| 기쁨 |

어두운 날이 계속되고 길고 외로운 밤이 오더라도 우리에게는 기뻐할 이유가 많다. 하나님이 우리 아버지시고, 예수님이 우리의 구세주이자 우리를 위해 중보하는 대제사장이시며, 성령님이 우리의 보혜사 되신다. 무엇이 더 필요한가? 성경은 우리를 먹이고 인도하며 끊임없이 약속을 확인해주어, 우리가 믿음을 붙들 수 있도록 돕는다. 하나님의 보좌는 심판이 아닌 은혜의 보좌다. 또 그리스도인 친구들은 우리를 사랑해주고, 우리를 위해 기도하며 격려해준다. 우리는 하나님이 각 사람에게 주신 합당한 은혜를 받고, 상처 입은 사람들과 그 은혜를 나눌 수 있다. 그들도 자신이 받은 은혜를 우리에게 나누어줄 수 있다. 그래서 완전히 소진되어 더는 남은 힘이 없다고 느낄 때도 우리는 축복의 통로가 될 수 있다.

행복은 주로 상황에 달려 있지만 주 안에서 느끼는 기쁨은 그 차원이 훨씬 깊다. 기쁨은 우리가 하는 일이 아니라 하나님이 우리를 위해 이미 하신 일에 기반을 두기 때문이다. "영원하신 하나님이 네 처소가 되시니 그의 영원하신 팔이 네 아래에 있도다"(신 33:27). 느헤미야는 "여호와로 인하여 기뻐하는 것이 너희의 힘이니라"(느 8:10)고 말했다. 기쁨은 우리가 직접 만들어내는 것이 아니라 성령 안에 살며 그분의 인도를 받을 때 자라나는 성령의 열매다(갈 5:16-18, 22-23). 그래서 어떤 슬픔이 삶에 찾아오더라도 우리는 주 안에서 기뻐할 수 있다. 그렇다고 슬픔을 묻어버린 채 슬픔이 없는 것처럼 행동하라는 말은 아니다. 그런 태도는 오히려 상황을 악화시킨다. 우리는 하나님께 우리 감정을 솔직하게 고백하고, 하나님의 은혜와 지혜가 필요하다는 사실을 인정해야 한다. 우리에게 기쁨의 축복을 주시는 하나님께 감사하고, 하나님이 계속 우리를 축복하실 것이라고 믿자.

바울은 로마의 죄수로 있는 동안 골로새 교인들에게 보내는 편지에서 "나는 이제 너희를 위하여 받는 괴로움을 기뻐하고"(골 1:24)라고 했다. 빌립보 교회에 보내는 편지에서는 "만일 너희 믿음의 제물과 섬김 위에 내가 나를 전제로 드릴지라도 나는 기뻐하고 너희 무리와 함께 기뻐하리니 이와 같이 너희도 기뻐하고 나와 함께 기뻐하라"(빌 2:17-18)고 했다. 바울의 편지에는 기쁨이 가득 담겨 있다. 바울은 감옥에 갇힌 상황을, 만약 감옥에 오지 않았다면 얻지 못했을 새로운 기회로 여겼고, 이 상황이 그가 기도하는 교회들에도 유익이 된다는 사실을 깨달았다. 그러므로 슬픔과 고통의 시기에 있더라도 우리 자신에게 집중하지 말고 이웃에게 집중해야 한다. 십자가에 달리신 예수님이 그러셨듯이 다른 사람을 위해 기도하고, 그들을 격려하며 보살펴야 한다. 보통 사람들은 상황이 어려워지면 그 슬픔을 퍼뜨린다. 반면 성령으로 충만한 사람은 불평이 올라오고 좌절할 때일지라도 하나님의 기쁨을 나누려 한다.

그러나 우리의 기쁨은 사람들을 속이려고 꾸민 감정이 아니라 '하나님 안에' 있는 기쁨이라야 한다. 마음에서 나온 기쁨이 진짜다. 입으로만 말하는 기쁨은 가짜다. 전등 스위치처럼 기쁨을 껐다가 켰다가 한다면 우리 자신에게 더욱 상처만 될 뿐이다. 잘 알려진 어린이 찬양에 "예수님과 이웃과 우리는 기쁨을 말하는 최고의 방법"이라는 가사가 있다. 병문안을 갔다가 이 찬양을 부르는 사람들의 기쁨 충만한 용기에 내가 오히려 감동을 받은 적이 있다. 축복을 전하러 갔다가 이 찬양을 듣고 오히려 내가 더 축복을 받았다.

| 항상 |

소통 전문가에 따르면, '항상'과 '결코'라는 말은 신중하게 사용해야 하는 단어라고 한다. 사람이 무엇을 '항상' 하고 말하는지 또는 '결코' 하지 않거나 말하지 않는지는 오직 하나님만 아신다. 학생에게 "너는 항상 스트라이크 아웃이야"라고 말하는 코치, 자녀에게 "네 방은 항상 엉망이야"라고 말하는 부모는 문제를 해결하지 못할 것이다. 또 아내에게 "당신은 치약 사 오는 걸 항상 잊어버려"라고 말하는 남편도 문제 해결에는 도움이 안 된다. 상대방이 잘못한 일만 기록하는 사람은 좋은 그리스도인이 아니다. 고린도전서 13장 6절에서 사랑은 불의를 기뻐하지 않는다고 했다. 그런데 선한 일을 위해 '항상'과 '결코'를 사용한다면 더 많은 일을 이룰 수 있다. "항상 차에 기름 넣는 걸 잘 기억해줘서 고마워"라든지 "우리 아들은 세차하는 걸 결코 잊어버리지 않지"라고 한다면 사랑과 실천을 위한 긍정적이고 건강한 분위기를 조성할 수 있다.

바울은 서신에서 탁월하게 '항상'을 자주 사용했던 사도였다. 고린도후서에서 그는 '항상'을 6번 사용했다. 그중 세 구절에서 '항상'을 어떻게 사용했는지, 그것이 기쁨, 슬픔과 어떤 관계가 있는지 살펴보려 한다.

고린도후서 2장 14절을 보면 이런 고백이 나온다. "항상 우리를 그리스도 안에서 이기게 하시고 우리로 말미암아 각처에서 그리스도를 아는 냄새를 나타내시는 하나님께 감사하노라." 여기서 연상되는 모습은 '로마군의 개선 행진'이다. 총사령관이 적군의 땅에서 5천 명이 넘는 적을 무찌르고 완전한 승리를 거두었다. 그는 로마를 위해 새로운 영토를 차지하고 포로와 값진 전리품을 들고 돌아온다. 바울은 예수 그리스도가 죽으시고 장사 되셨으며 부활하신 사건에서 이 개선 행진을 떠올렸다. 갈보리는 마귀에게 완전히 승리한 장소였다(골 2:15). 예수님은 항상 승리하셨고(고후 2:12-17), 우리는 그분을 통해 승리한다. 다만 우리는 예수님을 따르고 그분의 명령에 순종해야 한다. 우리를 이기게 하는 분이 예수님이시기 때문이다.

고린도후서 4장 9-12절에서 바울은 두 번째로 '항상'을 말한다. "박해를 받아도 버린 바 되지 아니하며 거꾸러뜨림을 당하여도 망하지 아니하고 우리가 항상 예수의 죽음을 몸에 짊어짐은 예수의 생명이 또한 우리 몸에 나타나게 하려 함이라 우리 살아 있는 자가 항상 예수를 위하여 죽음에 넘겨짐은 예수의 생명이 또한 우리 죽을 육체에 나타나게 하려 함이라 그런즉 사망은 우리 안에서 역사하고 생명은 너희 안에서 역사하느니라." 그리스도가 우리를 위해 죽으셨다는 사실을 알면 예수님을 믿고 구원받을 수 있다. 그러나 우리가 그리스도와 함께 죽었다는 사실을 알아야 우리를 끌어내리려는 낡은 죄의 본성을 이길 수 있다. 바울은 "내가 그리스도와 함께 십자가에 못 박혔나니"(갈 2:20)라고 간증했다. 그는 이 놀라운 진리를 모든 신자가 반드시 알아야 할 로마서 6장에서도 다룬다. 우리는 그리스도와 함께 죽었으며 이제 낡은 본성을 이기고, 그리스도와 함께 걸으며 승리 가운데 그리스도를 섬길 수 있다. 바울은 위험천만한 삶을 살았고 "여러 번 죽을 뻔"(고후 11:23)했다. 그러나 그는 이전의 삶에 대해 죽었으며, 그 모든 위험에도 그리스도를 위해 사는 일만 생각했다. 예수님도 같은 메시지를 요한복음 12장 20-26절에서 전하셨다. 잠시 책 읽기를 멈추고 이 구절을 찾아 읽어보자.

고린도후서 5장 1-8절은 그리스도인의 몸의 죽음에 대해 다룬다. 바울은 "우리가 항상 담대하여[확신하여]"(6절)라고 했다. 무엇을 확신한다는 말일까? 죽으면 하늘에서 예수님과 함께 있게 된다는 확신, 영광스러운 새 몸을 갖게 된다는 확신이다. 영어로 확신(confident)은 라틴어 *con*(함께)과 *fide*(믿음)가 결합된 단어다. "우리가 믿음으로 행하고 보는 것으로 행하지 아니함이로라"(7절). 복음을 위해 기꺼이 자기 생명을 내려놓고 선교의 길을 열었던 용감한 사람들을 주신 하나님께 감사하자. "이는 내게 사는 것이 그리스도니 죽는 것도 유익함이라"(빌 1:21). 하나님이 우리를 어디로 보내시든지 보호하실 것이라고 확신할 수 있다.

우리가 '항상 기뻐하는'(고후 6:10) 사람이 되면 결과가 이러하다. "하나님이 능히 모든 은혜를 너희에게 넘치게 하시나니 이는 너희로 모든 일에 항상 모든 것이 넉넉하여 모든 착한 일을 넘치게 하게 하려 하심이라"(고후 9:8). 놀라운 말씀이다. 세계 최고의 부자나 권력자가 내세우는 그 어떤 보장도 감히 따라올 수 없는 확실한 보장이다. 우리는 일일이 측정할 수 있는 정도가 아니라 넘치도록 풍성한 은혜를 받았다. 항상 모든 일에 넉넉하며, 하나님이 우리를 부르신 선한 일을 위해 필요한 모든 것도 풍성히 가져다 쓸 수 있다. 모든 은혜! 항상! 모든 것이 넉넉하여! 모든 일! 모든 착한 일! 우리는 삶이나 죽음, 가난이나 고통, 물질 부족, 주님이 주시는 도전 등을 염려할 필요가 없다. 모든 일이 우리에게 속해 있다. "나의 하나님이 그리스도 예수 안에서 영광 가운데 그 풍성한 대로 너희 모든 쓸 것을 채우시리라"(빌 4:19).

평화에 대한 정의 가운데 내가 읽어본 가장 좋은 것 하나는, "평화는 적절한 자원을 소유한 것이다"라는 말이다. 하나님의 백성은 하늘 아버지가 놀라운 약속을 주셨으므로 걱정할 필요가 없다. 빌립보서 4장 19절에 "영광 가운데 그 풍성한 대로" 공급하신다는 약속이 나온다. '하나님의 풍성한 부에서'라고 했다면 그 공급이 줄어들지도 모르겠지만, '하나님의 풍성한 대로'라고 했으므로 그 공급은 절대 끊어질 수가 없다. 바울이 남긴 에베소서는 예수 그리스도 안에서 우리가 누리는 부에 대해 강조하는 '통장'이다. 바울의 표현을 보면, 은혜의 풍성함(엡 1:7-8; 2:7), 영광의 풍성함(엡 1:18; 3:16), 측량할 수 없는(한없는, 깊이를 알 수 없는, 다함이 없는) 그리스도의 풍성함(엡 3:8)이 있다.

그렇다. 우리 앞에는 슬픔이 있다. 그러나 하나님의 넘치는 은혜로 우리는 그분의 영광을 위해 슬픈 가운데서도 기뻐할 수 있다. 고린도후서는 아니지만 '항상'을 사용한 또 다른 구절이 생각난다. "범사에 우리 주 예수 그리스도의 이름으로 항상 아버지 하나님께 감사하며"(엡 5:20). 항상 감사하라!

그렇게 하는가?

그래야 한다.

"저녁에는 울음이 깃들일지라도
아침에는 기쁨이 오리로다" _ 시 30:5

예수님은 겟세마네 동산에서 슬픔에 휩싸이셨다. 십자가에서 수치와 고통을 당하리라는 것을 잘 아셨기 때문이다. 그러나 하늘 아버지가 예수님의 기도를 들으시고 그분께 힘을 주셨다. 우리 인생에 낮과 밤이 있고 여름과 겨울이 있듯이, 우리에게는 고통과 희락, 슬픔과 기쁨이 있다. 햇빛만 있으면 사막이 되고, 희락만 있으면 미성숙하고 천박한 성품을 가진 사람이 될 것이다. 그래서 사랑이 많으신 하늘 아버지는 우리에게 균형 있는 인생의 경험을 주신다.

Paradoxes 11

섬기는 것이 인도하는 것이다

| 주여 구하오니 귀를 기울이사 종의 기도와 주의 이름을 경외하기를 기뻐하는 종들의 기도를 들으시고 오늘 종이 형통하여 이 사람들 앞에서 은혜를 입게 하옵소서 하였나니 그때에 내가 왕의 술 관원이 되었느니라 _ 느 1:11

| 그 주인이 이르되 잘하였도다 착하고 충성된 종아 네가 적은 일에 충성하였으매 내가 많은 것을 네게 맡기리니 네 주인의 즐거움에 참여할지어다 _ 마 25:21

| 예수께서 이르시되 이방인의 임금들은 그들을 주관하며 그 집권자들은 은인이라 칭함을 받으나 너희는 그렇지 않을지니 너희 중에 큰 자는 젊은 자와 같고 다스리는 자는 섬기는 자와 같을지니라 앉아서 먹는 자가 크냐 섬기는 자가 크냐 앉아서 먹는 자가 아니냐 그러나 나는 섬기는 자로 너희 중에 있노라 _ 눅 22:25-27

| 사람이 나를 섬기려면 나를 따르라 나 있는 곳에 나를 섬기는 자도 거기 있으리니 사람이 나를 섬기면 내 아버지께서 그를 귀히 여기시리라 _ 요 12:26

| 그러나 이제는 너희가 죄로부터 해방되고 하나님께 종이 되어 거룩함에 이르는 열매를 맺었으니 그 마지막은 영생이라 _ 롬 6:22

| 사람이 마땅히 우리를 그리스도의 일꾼이요 하나님의 비밀을 맡은 자로 여길지어다 _ 고전 4:1

| 우리가 너희와 함께 있을 때에도 너희에게 명하기를 누구든지 일하기 싫어하거든 먹지도 말게 하라 하였더니 _ 살후 3:10

| 곧 선행으로 어리석은 사람들의 무식한 말을 막으시는 것이라 너희는 자유가 있으나 그 자유로 악을 가리는 데 쓰지 말고 오직 하나님의 종과 같이 하라 _ 벧전 2:15-16

신약 시대에 그리스인과 로마인은 일반적으로 육체노동을 멸시했다. 그들은 주로 일을 노예에게 시키고 명령만 내렸다. 고대인은 아무도 열심히 일하지 않아도 되는 천국을 꿈꾸었다.

그러나 유대 민족에게는 하늘에서 받은 노동관이 있었다. "엿새 동안은 힘써 네 모든 일을 행할 것이나 일곱째 날은 네 하나님 여호와의 안식일인즉 너나 네 아들이나 네 딸이나 네 남종이나 네 여종이나 네 가축이나 네 문안에 머무는 객이라도 아무 일도 하지 말라"(출 20:9-10). 유대인은 6일 동안 일하고 7일째 되는 날 쉬는 것이 매우 중요했다. 그들에게 일은 삶의 일부였다.

우리 주님은 이 노동관을 한 단계 더 발전시켜 제자들에게 지도자가 되는 최고의 방법은 종이 되고 열심히 일하는 것이라고 가르치셨다. 예수님은 "나는 섬기는 자로 너희 중에 있노라"(눅 22:27)고 하시며 본을 보이셨다.

섬기는 자가 되어 인도한다는 주님의 역설이 지금 이 시대에 절실히 필요하다. 많은 지도자가 자기 자신만을 섬기고 그들이 마땅히 돌봐야 하는 사람들은 무시하는 상황을 보면 무서울 정도다. 교회를 비롯하여 여러 조직에는 그야말로 독재자 같은 리더가 많다. 이런 곳에는 사람들의 성장을 위해 섬기며 돕는 사랑 많은 목자가 아니라 강한 지도자에게 통제를 받는 데서 안정감을 찾는 사람들이 모인다. 이런 리더는 사람들을 인도하는 것이 아니며, 그들을 따르는 사람들은 성장하지 못한다.

섬기는 리더로서 구주 예수님을 닮으려면 세 가지 사실을 알아야 한다.

| 우리는 일하는 세상에 산다 |

하나님이 그렇게 만드셨다. 광물계부터 식물계, 동물계, 인간계까지 각 단계의 피조물이 상호 기여하는 부분이 있다. 식물계는 생명을 지탱하기 위해 광물계까지 내려가며 동물계는 식물계에서 생명 유지의 근원을 일부 얻는다. 인간계는 건강한 삶을 유지하는 데 필요한 것을 얻고자 하나님이 만드신 식물계와 동물계로 손을 뻗는다. 나무, 꽃, 하천, 벌새, 소, 햇살은 우리가 인식하든 그렇지 않든, 밤이고 낮이고 우리를 위해 일한다. 상호 공급이라는 이 기본 고리가 끊어질 때 인간은 고통받는다. 대부분 사람이 이 기적과 같은 자연 원칙을 당연히 여기며 살아간다. 그러나 믿는 사람들은 "참 아름다워라!"는 찬양을 즐거이 부르며 주의 지혜와 넉넉함에 감사드린다.

노동은 형벌이고, 최초의 인류가 지은 죄 때문에 일한다고 생각한다면 큰 오산이다. 아담은 죄가 인간에게 들어오기 전에도 에덴동산에서 일했다(창 2:15). 남자와 여자가 하나님께 불순종한 뒤에야 비로소 일이 고생(수고)이 되었다(창 3:17-19). 여호와는 인간이 아름답고 열매가 풍성한 동산에서 살기를 바라셨지만 죄가 모든 것을 바꿔놓았다. 우리는 예수님을 보기까지 하나님의 동산에 가지 못한다(계 21-22장). 그러나 하나님이 각 사람에게 맡기신 일이 있으므로 우리는 성실하게 그 일을 해야 한다. "네 손이 일을 얻는 대로 힘을 다하여 할지어다"(전 9:10). 또한 전도서 5장 19절은 우리 일이 하나님의 선물이며, 일하는 특권을 누리며 기뻐하라고 권면한다. 삶의 여정에 따라 직업이 바뀔 수는 있다. 그러나 우리가 하나님의 뜻 가운데 있다면 하나님이 맡기신 일을 하면서 만족을 얻을 수 있다. 예수님은 아버지의 뜻을 행하는 일이 형벌이 아니라 양식이라고 하셨다(요 4:31-34). 진심으로 하나님의 뜻을 실천한다면 수입만이 아니라 여러 면에서 풍성한 이익을 얻을 것이다.

하나님이 세상을 만드셨을 때 천사들은 하나님을 찬송하고 기뻐하며 노래했다(욥 38:4-7). 비록 우리 인류가 하나님이 지으신 창조 세계를 착취하고 파괴하기는 했지만, 우리 역시 천사들처럼 마땅히 하나님을 찬송해야 한다. 정기적인 일을 더는 하지 않고 은퇴한 사람이라도 하나님의 용역 계획서에는 포함되어 있다. 의사들이 우리 부부에게 더 장거리 사역은 다니지 말라고 했을 때 우리는 하나님이 주실 다음 임무가 무엇일지 궁금했다. 머지않아 다음 행보를 깨달았다. 평신도인 교회 리더들과 목회자들이 우리에게 찾아와서 상담과 조언을 구하기 시작했다. 멘토링 사역은 큰 기쁨이 되었다. 나는 여전히 글을 쓰고(그렇지 않았다면 이 책도 탄생하지 않았을 것이다), 아내와 함께 하나님의 사람들을 격려하며 하나님의 교회를 세우는 일을 돕는다.

잠언에 게으름(게으른 자)에 대한 구절이 26개나 된다는 사실을 아는가? 게으른 자에 대한 경고와 그들이 맞이할 결과는 오늘날에도 똑같이 적용된다. 나는 어릴 때부터 항상 내 몫의 집안일을 해왔다. 좀 더 자라서는 동네 주민 집의 잔디를 깎거나 창문을 닦으며 용돈을 벌었다. 큰돈을 벌지는 않았지만 이런 훈련과 연습은 나에게 도움이 되었고, 부모님은 나에게 따로 용돈을 주지 않으셔도 되었다. 나는 은퇴하거나 일을 할 수 없는 상황이 되지 않는 한, 계속해서 이렇게 열심히 일할 것이라고 사람들에게 이야기한다.

| 우리는 섬김의 구세주를 따른다 |

성경을 보면 '하나님의 종'으로 불린 사람이 많이 나온다. 예를 들면, 아브라함(시 105:42), 모세(민 12:7), 갈렙(민 14:24), 욥(욥 42:7-8), 이사야(사 20:3), 느부갓네살(렘 25:9), 사도 바울(롬 1:1)이다. 그러나 성경에 나오는 최고의 종은 하나님의 아들 예수 그리스도시다(사

42:1-7; 빌 2:5-8). 예수님은 하늘 영광을 버리고 종으로 세상에 오는 엄청난 대가를 치르셨다. 온전히 사람이셨던 예수님은 노동자 집안에서 자라 '목수'로 불리셨고(막 6:3), 지치고 배고프며 목마른 것이 무엇인지 잘 아셨다. 한번은 매우 피곤한 나머지 풍랑 때문에 어부인 제자들이 두려워하는 상황에서도 배에서 곤히 주무셨다(마 8:23-24).

날마다 회당이나 성전을 비롯하여 이곳저곳을 다니며 자신을 따르라고 사람들에게 선포하는 일은 예수님께도 힘에 부치는 일이었다. 예수님은 구원의 복음을 전하시고, 하나님 나라의 원리를 가르치시며, 병들고 고통받는 사람들을 고쳐주시고, 귀신을 몰아내며 죽은 사람을 살리셨다. 사람들은 예수님의 옷자락이라도 닿으면 구원을 받을까 하여 예수님께 몰려들었다. 날이 갈수록 예수님의 원수들은 상황을 신중히 관찰하며 그분을 죽일 계략을 세웠다. 예수님은 하늘 아버지를 만나시려고 밤새도록 기도하거나 날마다 이른 아침에 기도하셨다(막 1:35; 사 50:4-6 참고). 나에게도 분주하게 사역했던 시절이 있지만, 신실하신 예수님이 얼마만큼 사역하셨는지는 내 상상을 초월한다.

"예수께서 그들에게 이르시되 내 아버지께서 이제까지 일하시니 나도 일한다 하시매"(요 5:17). 예수님은 또 이렇게 말씀하셨다. "때가 아직 낮이매 나를 보내신 이의 일을 우리가 하여야 하리라 밤이 오리니 그때는 아무도 일할 수 없느니라"(요 9:4). "나는 항상 그가 기뻐하시는 일을 행하므로 나를 혼자 두지 아니하셨느니라"(요 8:29). "예수께서 이르시되 나의 양식은 나를 보내신 이의 뜻을 행하며 그의 일을 온전히 이루는 이것이니라"(요 4:34). "내가 하늘에서 내려온 것은 내 뜻을 행하려 함이 아니요 나를 보내신 이의 뜻을 행하려 함이니라"(요 6:38). 체포되기 전에 예수님은 하늘 아버지께 기도하셨다. "아버지께서 내게 하라고 주신 일을 내가 이루어 아버지를 이 세상에서 영화롭게 하였사오니"(요 17:4). 이 땅에서의 삶이 끝날 때 우리도 이렇게 말할 수 있기를 소망한다.

아버지에 대한 순종과 측량할 수 없는 사랑으로 우리 주 예수님은 죄인들이 용서받고 하늘에서 영생을 누리도록 십자가에 달려 기꺼이 자신의 생명을 내어놓으셨다. 로마 군인들은 십자가를 만들기 위해 나무판에 못을 박았고, 하늘에서 오신 목수 예수님은 당신과 나를 위해 돌아가시려고 십자가에 못 박히셨다. 지구상 최고의 일꾼이신 예수님은 이 세상 최고의 임무를 마치셨다. 예수님을 구세주이자 주님으로 모셨다면, 우리도 예수님의 본을 따르고 예수님이 맡기신 일을 완수해야 한다.

하나님을 알고 섬기기 위해 노력해온 70년 세월 동안 여러 믿음의 사람과 함께 일한 것은 특별한 축복이었다. 바울도 함께 사역한 이들을 "하나님의 동역자들"(고전 3:9)이라고 했다. 감사하게도 우리는 혼자 수고하지 않고 혼자 희생하지 않으며, 혼자 고난받지 않고 혼자 예수님을 섬기지 않는다. 우리는 "그리스도 예수 안에서 하나"(갈 3:28)이며 잃어버린 영혼에게 찾아가고 구원받은 자를 격려하는 일에 함께 수고한다. 이 말씀도 큰 격려가 된다. "너희 안에서 행하시는 이는 하나님이시니 자기의 기쁘신 뜻을 위하여 너희에게 소원을 두고 행하게 하시나니"(빌 2:13). 우리는 섬김의 구세주를 따른다. 우리가 가장 높으신 하나님의 종이라는 사실에 기뻐하자!

예수님은 종으로 세상에 오시려고 자신을 낮추셨고, 제자들은 겸손의 의미를 배워야 했다. 우리도 마찬가지다. 하루는 예수님이 열두 제자에게 걸어오시며 무엇 때문에 다투었는지 물어보셨다. 그들은 누가 더 큰 자인지를 두고 다투었다고 솔직히 털어놓았다. 그들은 협동이 아니라 경쟁을 추구했고, 자신들의 주인이 아니라 세상을 따랐다. 예수님은 그들 가운데 어린아이를 세우시고는 그 아이와 같이 되라고 하셨다(마 18:1-5). 여기서 어린아이란 순복과 순종, 감사와 믿음, 의존을 의미한다. 예수님은 "너희 중에 큰 자는 너희를 섬기는 자가 되어야 하리라"(마 23:11)고 말씀하셨다. 또 예수님은 오늘도 우리의 대언자이자(요일 2:1) 대제사장으로(히 4:14-16) 우리를 섬겨주시며 이렇게 약속하신다. "내가 세상 끝날까지 너희와 항상 함께 있으리라"(마 28:20).

| 우리는 신실함의 원리를 믿는다 |

인생은 누구에게나, 특히 그리스도인에게는 더 심각하고 진지한 일이다. 이 짧은 인생이 영원을 준비할 유일한 기회이기 때문이다. 모든 인생의 여정을 마치고 심판의 보좌에 앉으신 구세주 앞에 섰을 때 만약 우리가 하나님의 뜻을 무시하고 엉망으로 살았다면 상급을 매우 적게 받을 것이다. 우리는 청지기로서 삶을 잘 꾸려가라는 하나님의 명령을 받았다. "맡은 자들에게 구할 것은 충성이니라"(고전 4:2). 하나님은 우리에게 세상이 말하는 성공을 이루라고 명령하지 않으신다. 다만 무슨 일이 있든지 신실함을 유지하고 그분의 뜻을 행하라고 명하신다. 우리가 신실하게 순종하면 구세주가 신실하게 우리에게 보상해주실 것이다. 그러나 하나님이 주신 기회를 어리석게 허비한다면 받을 보상이 없을 것이다. "우리가 다 하나님의 심판대 앞에 서리라"(롬 14:10).

하나님은 달란트 비유에서(마 25:14-30) 두 번이나 인생에서 성공하는 원칙을 말씀하셨다. "잘하였도다 착하고 충성된 종아 네가 적은 일에 충성하였으매 내가 많은 것을 네게 맡기리니 네 주인의 즐거움에 참여할지어다"(마 25:21, 23). 이 원리에 대해서는 뒤에서 설명하고 먼저 몇 가지 단어의 정의를 살펴보자.

우리는 타고난 능력을 말할 때 '재능'이라는 말을 사용한다. 그러나 이 비유에서 집주인은 하인들에게 능력에 따라 달란트를 주었다. 달란트는 화폐 단위로, 종들이 주인을 섬기기 위해 자신의 재능을 사용할 기회를 의미했다(마 25:15). 우리의 주인도 우리가 태어날 때 능력을 주셨고, 우리가 거듭날 때 은사를 주셨다. 하나님은 우리가 그 은사와 능력을 그분의 영광을 위해 사용하기 바라신다. 나에게는 형이 두 명 있는데, 한 명은 기계를 다루는 능력이 뛰어나고 다른 한 명은 운동 신경이 좋다. 그러나 나는 그렇지 않다. 그래서 하나님은 나를 정비공이나 풋볼팀 코치로 부르지 않으셨다. 만약 그런 일을 나에게 맡기셨다면, 성공에 필요한 노하우를 일일이 알려주셔야 했을 것이다.

이 비유에 나오는 성공의 원리는 이것이다. 하나님이 기회(달란트)를 주셨을 때 우리의 능력과 은사를 사용하여 하나님께 신실함을 유지한다면, 종에서 통치자로, 적은 일에서 많은 일로, 고통에서 기쁨으로 이동할 수 있다는 것이다(21, 23절). 한 달란트를 땅에 묻은 종은 주인을 기쁘게 하고 상급을 받을 기회를 저버렸다. 하나님은 그분께 받은 것을 우리가 묻어버리는 대신 투자하기를 바라신다. 주의 심판대 앞에 섰을 때 구세주께 우리가 한 일을 보고할 준비를 해야 한다.

우리의 시작은 종이다. 그러나 신실하게 일하면 리더가 된다. 성경 전반에서 이런 유형을 볼 수 있다. 요셉은 형들의 미움을 받아서 노예로 팔려 이집트에 가게 되었다. 하인이었던 요셉이 일을 너무 잘하자 주인은 집안일 전체를 요셉에게 맡겼다. 그러나 주인의 부인이 요셉에 대해 거짓말하는 바람에 요셉은 감옥에 갇혔다. 그런데 요셉은 감옥에서도 간수와 다른 재소자들을 신실하게 도왔다. 한편 바로는 두 가지 꿈을 꾸고 그 의미를 몰라 괴로워하고 있었다. 그때 요셉이 하나님이 주신 지혜로 그 꿈의 의미를 설명해주었다. 바로는 이집트에서 파라오에 버금가는 자리에 요셉을 앉혔다. 요셉은 적은 일에서 많은 일로, 종에서 통치자로, 고통에서 기쁨으로 이동했다.

모세도 요셉과 비슷한 일을 겪었는데, 그는 목자에서 선지자, 즉 이스라엘 백성의 리더가 되었다. 또 여호수아는 모세의 수종자였으나 모세의 후계자이자 약속의 땅을 차지하는 정복자가 되었다. 그뿐인가? 다윗은 목자였으나 훗날 이스라엘의 왕이 되었다. 룻은 가난한 과부로 베들레헴에 갔으나 신실하게 행동한 결과 부유한 자의 부인, 다윗 가문의 조상이 되었다. 룻의 이름은 그리스도의 족보에도 적혀 있다(마 1:5-6). 최고의 모범이신 우리 주 예수 그리스도는 신실하게 사역하고 고난받고 희생하여 십자가에 돌아가신 뒤, 부활하셔서 만왕의 왕이요 만주의 주가 되셨다(계 17:14; 19:16; 빌 2:5-11).

우리는 섬김으로써 사람들을 인도한다. 종에서 통치자로, 적은 것에서 많은 것으로, 고통에서 기쁨으로 이동하고 싶다면 믿음에 따라 살고 겸손과 순종, 인내를 실천해야 한다.

지금까지 나는 성실하게 성경을 읽고, 수백 명의 자서전과 전기를 읽었다. 위인들의 삶을 보면서 하나님을 영화롭게 하고 세상을 바꾸는 데 쉬운 길이나 지름길이 없다는 것을 깨닫는다. 혹시라도 지름길이 있다고 생각한다면 예수님이 말씀하신 탕자의 비유를 생각해보라(눅 15:11-32). 탕자는 순종, 겸손, 인내를 무시하여 삶을 엉망으로 만들었다. 그는 많은 것을 가지고 시작했으나 그것을 모두 잃고, 세상의 즐거움으로 시작했으나 고통으로 끝났다. 부를 소유한 중요한 인물이었으나 재산을 탕진하고 돼지를 치는 노예로 전락했다. 그의 삶이 성공했다고 보기 어렵다.

요한계시록 22장 3절은 하나님의 백성이 누릴 영원한 미래를 보여준다는 점에서 내 관심을 끈다. "다시 저주가 없으며 하나님과 그 어린 양의 보좌가 그 가운데에 있으리니 그의 종들이 그를 섬기며." 하늘 본향에는 쉼과 찬양이 있겠지만 주를 위한 섬김도 있을 것이다. 성경에 자세한 설명은 없지만, 우리가 오늘 어떻게 섬기느냐에 따라 새 하늘과 새 땅에서 주님이 우리에게 맡기실 사역이 결정될 것이다(마 24:45-51; 25:14-30). 하나님이 자신의 성실한 종을 위해 새 하늘과 새 땅에 예비하신 일이 분명히 있을 것이다.

요한계시록 22장 3절에서 '섬기다'로 번역된 헬라어는 하나님에 대한 경배를 의미하는 '*latreuō*'(라트류오)다. 많은 예배당 입구에 "예배하기 위해 여기로 들어가십시오"라는 문구가, 예배당 출구에는 "섬기기 위해 이쪽으로 나가십시오"라고 적혀 있는 것처럼, 하늘에서는 섬김과 예배가 동시에 일어난다. 우리의 섬김이 예배가 되고 우리의 예배가 섬김이 된다. 지난 70년 넘는 세월 동안 나는 이 땅에서 드리는 예배와 여호와를 섬기는 일이 부담스럽고 힘들 때가 많았다. 그러나 하늘에서는 절대 그렇지 않을 것이다. 우리의 모든 생각과 말 행동이 하나님의 영광을 위한 예배이자 섬김이 될 것이다.

우리는 일하는 세상에 살고 있다. 그런데 매일 열심히 일하듯 여호와를 섬기는 일도 열심히 하고 있는가? 우리는 섬기는 구세주이신 예수 그리스도를 따른다. 그런데 하나님께 "잘하였도다 착하고 충성된 종아"라는 칭찬을 들을 정도로 그분을 따라 행동하는가? 하나님은 우리에게 신앙생활에서 형통하는 믿음의 공식을 주셨다. 당신은 그 공식에 순종하는가, 아니면 세상의 방법을 모방하는가?

우리는 이웃을 섬김으로써 이웃을 인도한다.

다른 방법은 없다.

예수님은 종으로 세상에 오시려고 자신을 낮추셨고,
제자들은 겸손의 의미를 배워야 했다. 우리도 마찬가지다.
하루는 예수님이 열두 제자에게 걸어오시며 무엇 때문에
다투었는지 물어보셨다. 그들은 누가 더 큰 자인지를 두고
다투었다고 솔직히 털어놓았다. 그들은 협동이 아니라
경쟁을 추구했고, 자신들의 주인이 아니라 세상을 따랐다.
예수님은 그들 가운데 어린아이를 세우시고는
그 아이와 같이 되라고 하셨다.

Paradoxes

12

사람이 이해할 수 없는
사랑을 이해한다

이러므로 내가 하늘과 땅에 있는 각 족속에게 이름을 주신 아버지 앞에 무릎을 꿇고 비노니 그의 영광의 풍성함을 따라 그의 성령으로 말미암아 너희 속사람을 능력으로 강건하게 하시오며 믿음으로 말미암아 그리스도께서 너희 마음에 계시게 하시옵고 너희가 사랑 가운데서 뿌리가 박히고 터가 굳어져서 능히 모든 성도와 함께 지식에 넘치는 그리스도의 사랑을 알고 그 너비와 길이와 높이와 깊이가 어떠함을 깨달아 하나님의 모든 충만하신 것으로 너희에게 충만하게 하시기를 구하노라 우리 가운데서 역사하시는 능력대로 우리가 구하거나 생각하는 모든 것에 더 넘치도록 능히 하실 이에게 교회 안에서와 그리스도 예수 안에서 영광이 대대로 영원무궁하기를 원하노라 아멘 _ 엡 3:14-21

우리는 이해할 수 없는 장비를 다루고 설명할 수 없는 경험을 한다. 나는 컴퓨터가 어떤 원리로 작동되는지 잘 모른다. 서툴게 컴퓨터로 편지를 쓰거나 책을 쓰는 정도다. 자동차를 운전하지만 자동차가 제대로 작동하지 않으면 어디가 문제인지 어떻게 고쳐야 하는지 모른다. 모든 것은 정비사의 손에 달렸다. 정비사를 보내주신 하나님께 감사드린다.

평범한 그리스도인의 삶에도 같은 일이 벌어진다. 우리가 경험한 일을 항상 설명할 수 있는 것은 아니다. 사도 바울은 우리가 "지식에 넘치는 그리스도의 사랑을 알"(엡 3:18) 수 있다고 자신 있게 말했다! 알 수 없는 것을 안다는 이 말도 분명 역설이다.

에베소서 3장 14-21절에서 바울은 우리의 기도 생활에서 하나님의 사랑이 얼마나 중요한지를 강조한다. 일반적으로 성경에서 기도는 믿음과 관련 있다. 그러나 여기서 기도는 사랑과 관련이 있다. 그리스도의 사랑은 삶의 모든 영역, 즉 우리가 식사하고 일하며 생각하고 계획하는 모든 부분에 관여할 정도로 넓고 깊다. 우리는 그리스도의 사랑과 그분이 우리를 위해 중보하고 계시다는 영적인 부분을 좀 더 잘 이해해야 한다. 물론 그 사랑은 인간의 이해를 뛰어넘는다. 그러나 기도에 대한 이 '사랑의 역설'을 받아들이면, 예수님을 향한 사랑이 더 커지고, 우리가 하는 사역을 위해 더 열심히 기도하게 될 것이다.

믿음과 예수 그리스도의 사랑의 능력으로 기도할 때 우리는 어떤 일을 할 수 있을까? 바울의 기도에서 답을 찾아보자.

| 함께 교회를 세운다 |

바울은 "이러므로"(이런 이유로, 14절)라는 중요한 말로 기도를 시작했다. 어떤 이유에서일까? 그 이유는 19-21절에 나온다. 이 땅에 예수 그리스도의 교회를 세우기 위해서다. 예수님은 공생애 사역을 시작하시기 전에 나사렛에 있는 요셉의 작업장에서 목수로 일하셨다(마 13:55; 막 6:3). 하늘에 오르신 후에는 자신의 백성을 위해 하늘에 있는 집(요 14:1-6)과 이 땅에 있는 자신의 교회(마 16:13-20)를 짓고 계신다. 목사님들이 "우리 교회에서…"라고 말하는 것을 종종 듣는데, 예수님은 우리 교회가 아니라 그분의 교회를 세우신다는 점을 다시 한번 강조하고 싶다. 그러나 우리는 전도와 기도, 사역과 은사를 통해 예수님이 교회를 세우시는 데 필요한 역할을 담당할 수 있다.

바울은 교회의 의미를 건물뿐만 아니라 가족(엡 3:15), 사람의 몸(엡 4:16), 군대(엡 6:10-20) 같은 이미지를 사용하여 묘사했다. 바울이 모든 가족, 모든 건물, 모든 몸처럼 '모든'이란 단어를 사용했다는 점에 주목해야 한다. 교회와 영적 은사는 일부 엘리트만을 위한 것이 아니라 예수님을 구세주요 주님으로 믿는 모든 사람을 위한 것이다. 그런데 사탄은 교회를 증오하여 교회의 사역을 방해하고 교인들을 공격하는 일에 열을 올린다. 사탄의 이름 중에 '파괴자'도 있는데(요한계시록 9장 11절에 '아바돈, 아볼루온'이라고 나온다), 그는 그 이름처럼 하와를 속인 때부터(창 3장) 최후 심판이 있을 때까지 교회를 대적할 것이다. 우리 기도가 사랑에서 우러날 때 우리는 그리스도의 교회를 세우고 굳건하게 하는 일에 기여할 수 있을 것이다.

| 하나님의 뜻에 순복한다(엡 3:15) |

바울은 기도할 때 하나님 아버지께 순복하며 무릎을 꿇었다. 기도의 목적은 사람의 뜻이 하늘에서 이루어지는 것이 아니라 하나님의 뜻이 땅에 이루어지는 것이었다(요일 5:14-15). 우리는 순복하든지 반항하든지 둘 중 하나만 할 수 있다. 중간 지대란 없다. 에베소서에는 다양한 자세가 나온다. 죽은 자 가운데 일어나서 그리스도와 함께 앉고(2:1-6), 무릎을 꿇고 기도하며(3:15), 순종의 길을 걷고(4:1), 전투를 대비하는 군인처럼 깨어 선다(6:10-20). 우리가 그리스도와 함께 앉게 되면 그분의 권능과 권위를 누리고 "생명 안에서 왕 노릇"(롬 5:17) 할 수 있다. 에베소서 3장 14-21절의 기도에서 바울은 우리가 '신뢰하고 순종할 때' 주님이 우리와 나누실 힘과 능력을 강조한다. 그러므로 다음 사실을 기억해야 한다. 우리는 예수님이 사탄에게 승리하셨기 때문에 싸우는 것이지 우리 힘으로 승리를 얻고자 분투하는 것이 아니다. 예수님은 죽고 부활하여 영광 중에 하늘 보좌에 앉는 그리스도의 사역을 이루시고 완전한 승리를 선포하셨으며, 우리와 함께 그 승리를 나누신다. 예수님 안에서 우리는 모두 이기는 자다. 하나님을 찬양하자!

| 하나님의 백성을 격려한다(엡 3:14) |

우리는 하나님 가족의 구성원이다. 그래서 하나님 아버지는 우리가 우리 자신의 필요만이 아닌 다른 가족의 필요를 위해서도 기도하기 바라신다. 나는 사람들이 나를 위해 기도하고 있다는 말에 격려를 받는다. 모르는 사람들에게서 나를 위해 기도한다는 편지를 종종 받기도 하는데, 감사하다는 답장을 보내면서 나도 그들을 위해 기도한다. 그리고 우리는 잃어버린 영혼을 위해 반드시 기도해야 한다. 하나님은 모든 사람이 구원받기를 원하시며(딤전 2:4), 아무도 멸망하지 않고 다 회개하기를 바라신다(벧후 3:9). 복음 전도자 무디는 이렇게 말했다. "사람들은 하나님이 우리가 끈질기게 간구하기를 귀찮아하실 거라고 생각한다. 그러나 하나님을 정말로 힘들게 하는 것은 아예 그분을 찾아가지 않는 것이다." 찰스 스펄전은 신학생들에게 이렇게 말했다. "여러분, 우리는 좋든 싫든 간구해야 합니다. 그것이 하늘나라의 규칙입니다." 우리에게 필요한 것이 왜 부족하다고 생각하는가? 다음 말씀을 깊이 묵상해보라. "너희가 얻지 못함은 구하지 아니하기 때문이요"(약 4:2). 프레더릭 베크(Frederick Beck)는 "발을 털었다면 이제 무릎을 꿇을 때다"라고 했다.

기억하자. 하늘에 계신 우리의 대제사장은 끊임없이 우리를 위해 중보하시고(히 7:25; 롬 8:34), 내주하시는 성령님도 우리를 위해 간구하신다(롬 8:26-27). 우리가 다른 사람을 위해 중보하지 말아야 할 이유가 있을까? 기도는 사랑과 믿음에서 우러나야 한다. 마르틴 루터는 "기도는 내 삶에서 가장 중요하다. 하루라도 기도를 게을리한다면 믿음의 불을 크게 잃고 말 것이다"라고 했다.

| 성숙한 신앙생활을 할 수 있다(엡 3:16－17) |

이 구절은 사랑에 싸여 항상 기도하는 그리스도인의 삶에서 일어나는 변화를 설명한다. 우리는 하나님의 뜻을 행하고 그분의 이름을 영화롭게 하는 데 필요한 풍성한 지혜와 능력을 사용할 수 있다. 우리가 하나님을 섬길 수 없다고 느낄 때라도 하나님은 바울에게 하셨듯이, 우리의 약함을 강함으로 바꾸실 수 있다(고후 12:7-10).

기도는 우리를 약함에서 강함과 능력으로, 얕음에서 깊음으로 바꾼다(엡 4:17). 얕은 예배를 드리고 얕은 설교를 듣는 그리스도인의 속은 얕을 수밖에 없다. 성숙한 그리스도인이 먹는 단단한 음식을 거부하고 '이유식'만 먹는 일처럼 안타까운 것이 있을까(히 5장)? 오늘날 세계 곳곳에서 그리스도인을 핍박하는 방식을 보면, 우리 교회들이 이제까지 없었던 성숙한 영적 리더십을 발휘하고 더욱 깊이 있는 예배를 드려야겠다는 생각이 강하게 든다. 세상은 놀이터가 아니라 전쟁터다. 그러므로 "깨어 믿음에 굳게 서서 남자답게 강건하라"(고전 16:13).

바울은 깊이를 말하며 '거하다, 뿌리가 박히다, 터가 굳어지다'라는 단어를 사용했다. '거하다'는 '정착하여 집처럼 편안하다'는 의미다. 하나님은 성령으로 우리 마음에 거하신다. 우리가 성령을 대하는 방식이 곧 구세주를 대하는 방식인 것이다. 누군가가 예수님이 우리 마음에 사시는 분이 아니라 우리를 다스리시는 분이어야 한다고 했는데, 그 말이 옳다. 우리가 성령을 근심시키고 속이며 성령께 저항한다면, 예수님이 우리 마음에 집처럼 편안히 계실 수가 없다. 하나님의 성령의 축복을 누리려면 성령님이 편안함을 느끼실 수 있게 해야 한다. 그러려면 정결한 마음으로 순종하려는 의지를 품고, 하나님의 진리로 충만한 생각을 하며, 무슨 말을 하거나 무슨 행동을 하든지 하나님을 영화롭게 하겠다는 깊은 열망을 품어야 한다.

만약 구세주가 우리 마음에서 편안함을 느끼지 못하신다면, 우리 삶이나 사역을 축복하실 수도 없고 그분이 우리 기도에 응답하실 수도 없다. “내가 나의 마음에 죄악을 품었더라면 주께서 듣지 아니하시리라”(시 66:18). 창세기 18-19장에서 하나님은 아브라함을 직접 방문하셨으나 악한 소돔에 사는 롯에게는 두 천사를 보내셨다. 하나님은 롯의 집을 편안하게 생각하지 않으셨으나 아브라함의 집은 편안하게 여기셨다. 하나님은 아브라함의 집에 방문해 그를 축복하셨다. 예수님은 베다니에 사는 마리아와 마르다, 나사로와 함께 계실 때 편안해하셨지만(눅 10:38-42; 요 12:1-8) 마음이 바르지 못한 바리새인 시몬의 집은 불편해하셨다(눅 7:36-49). 과연 예수님은 우리의 마음, 가정, 교회에 계시는 것을 편안하게 느끼실까(마 18:20)?

에베소서 3장 17절에서 깊이와 관련된 두 번째 단어는 ‘뿌리가 박히다’로, 이는 식물과 관련이 있다. 하나님이 축복하시는 신자는 성경에서 성령을 나타내는 생수의 강에 뿌리를 내린 사람이다(요 7:37-39; 시 1:1-3). 우리는 그 안에 뿌리를 박으며 세움을 받아 교훈을 받은 대로 믿음에 굳게 서야 한다(골 2:7). 안타깝게도 많은 그리스도인이 깊이 뿌리내린 나무가 아니라 이리저리 휩쓸리는 잡초와 같은 모습으로 “온갖 교훈의 풍조에 밀려 요동”(엡 4:14)

한다. 뿌리는 나무를 지탱하며 폭풍의 위협에서 나무를 안전하게 지켜준다. 뿌리에서 공급하는 양분이 없으면 나무는 열매를 맺지 못하며 사람들에게 축복이 되지 못한다.

우리 역시 뿌리를 내리는 동시에 '터가 굳어져야' 한다. 건축 용어인 이 말에는 '좋은 기초에 세운다'는 뜻이 담겨 있다. 두 건축자에 대한 예수님의 비유를 생각하면 된다(마 7:24-29). 하나님의 말씀에 대한 순종을 토대로 삶을 세우지 않는 사람은 모래 위에 집을 지은 사람처럼 그 삶이 오래가지 못한다. 기초를 다지는 일은 시간과 수고가 필요한 힘든 일이다. 그러나 그 기초가 단단하지 않으면 건물이 잘 버틸 수가 없다.

우리 부부는 교회 건축을 두 번 경험했다. 첫 번째는 오래된 건물을 허물고 새 예배당을 지을 때였고, 두 번째는 기존 건물 옆에 더 넓은 예배당을 신축했을 때였다. 시공업자들이 기초 공사로 땅을 파는데 도무지 작업이 끝날 기미가 보이지 않았다. 깊이 파인 구멍을 날마다 바라보다가 마침내 건축가에게 질문했다. "언제쯤 구멍 파는 일이 끝날까요?" 건축가가 한 대답은 여태껏 내가 들은 설교 중에 가장 간단하고 명료했다. "목사님, 깊이 파지 않으면 높이 세울 수 없습니다." 그 순간 모든 걱정이 사라졌다.

| 영적인 분량이 확장된다(엡 3:18-19) |

아이가 성장하면 몸도 커지지만 아이의 세상, 즉 아이의 어휘나 책임이나 기회도 확대된다. 이는 하나님의 자녀도 마찬가지다. 우리는 성경을 읽고 공부하며, 교회 가족들과 예배와 기도 안에 교제하고, 성실한 목사와 교사에게서 배우며, 하나님이 열어주시는 기회를 따라 순종할 때 신앙생활의 모든 영역에서 성장한다. 하나님의 사랑의 너비와 길이를 측량할 수는 없지만 우리가 소유하고 이해할 수 있는 분량의 사랑을 날마다 하나님께 받는다. 하나님의 사랑을 누리는 만큼 그분의 사랑은 더욱 커진다. 은혜와 지식 안에 자랄수록 우리의 영적 분량은 성장한다.

하나님 세상의 폭은 얼마나 될까? "하나님이 세상을 이처럼 사랑하사"(요 3:16). 하나님의 사랑의 길이는 얼마나 될까? "자기 아들을 아끼지 아니하시고"(롬 8:32) 십자가에 달리게 하실 정도다. 하나님의 사랑의 깊이는 얼마나 될까? 예수 그리스도를 우리 대신 죄로 삼으실 정도다(고후 5:21). 하나님의 사랑의 높이는 얼마나 될까? "내가 너희를 위하여 거처를 예비하러 가노라"(요 14:1-6). 이 너비와 깊이를 생각할수록 그리스도를 향한 사랑과 하나님의 은혜에 대한 이해가 자란다. 아울러 이것은 하나님을 사랑하고 서로 사랑하며, 잃어버린 세상을 사랑할 분량까지 커진다.

| 우리는 하나님께 영광을 돌린다 |

우리 자신이 아니라 하나님을 영화롭게 하려고 노력하면 하나님의 힘과 온전함을 누릴 수 있다. 에베소서 3장의 기도를 보면 삼위일체의 각 위격이 언급되어 있다. 14-16절에는 성부 하나님이, 17, 19, 21절에는 성자 하나님이, 16절에는 성령 하나님이 언급되어 있다. 성자 하나님은 성부 하나님을 영화롭게 하시며(요 13:31-32), 성령 하나님은 성자 하나님을 영화롭게 하신다(요 16:13-15).

성령님은 믿는 각 사람을 통해 일하시며, "우리 가운데서 역사하시는 능력대로"(엡 3:20) 예수님을 영화롭게 하신다. 단지 기도하는 것만으로는 충분하지 않다. 우리를 사용하여 기도에 응답하시도록 하나님께 쓰임 받을 준비가 되어 있어야 한다. 하나님께 부탁만 하고 직접 참여하지 않은 채 방관하는 사람은 너무나 어리석다. 그래서 선지자 이사야의 태도가 우리에게 귀감이 된다. "내가 여기 있나이다 나를 보내소서"(사 6:8). 모세는 하나님이 이스라엘 민족을 이집트에서 구출해주시기를 바랐지만, 하나님은 모세에게 그 일을 맡기셨다. 느헤미야는 무너진 예루살렘 성벽을 보고 눈물을 흘리며 하나님이 행동하시기를 기도했지만, 하나님은 느헤미야에게 그 일을 감독하게 하셨다. 또 기드온은 이스라엘에 쳐들어온 미디안 족속 때문에 부담이 컸으나, 하나님은 군대를 이끌고 승리하는 일에 기드온을 임명하셨다. 성경 인물뿐만 아니라 믿음의 선배 가운데 자신을 드린 사람으로 허드슨 테일러(Hudson Taylor)가 있다. 그는 주일 예배를 드리다가 중국에 대한 강한 부담을 느꼈다. 이윽고 기쁨에 넘쳐 예배당을 나온 그는 길을 걸으면서 중국인들을 위해 기도하며 하나님께 자신을 온전히 드렸다. 하나님의 부르심이 그에게 임한 것이다. 그는 다음 날 중국내지선교회 이름으로 은행 계좌를 개설했다. "내가 여기 있나이다. 나를 보내소서."

어느 한 아버지가 아내, 자녀들과 함께 가정 예배를 드리면서 선교사를 위해 기도했다. 기도를 마치자 한 아이가 말했다. "아빠, 저한테 수표장이 있었으면, 제가 아빠 기도를 다 들어드렸을 거예요." 아이는 '우리 안에서 일하시는 능력'에 담긴 의미를 알고 있었다. 우리가 모든 일을 할 수는 없으나 할 수 있는 일이 있으며, 하나님이 그 일을 할 능력을 주신다는 사실을 안 것이다. 유다서를 보면, "하나님의 사랑 안에서 자신을 지키"(유 1:21)라는 충고가 나온다. 그렇게 하는 것이 하나님에 대한 순종이다. 또 예수님은 "너희가 나를 사랑하면 나의 계명을 지키리라"(요 14:15)고 하셨다. 척 콜슨(Chuck Colson)은 이렇게 설명했다. "하나님은 우리의 성공을 바라지 않으신다. 그분은 단지 우리를 원하실 뿐이다. 또 하나님은 우리에게 성과를 내라고 요구하지 않으신다. 다만 우리가 순종하기를 바라신다." 그리고 존 스토트(John R. W. Stott)는 이렇게 말했다. "하나님 나라의 위대함은 순종으로 측정된다."

우리는 하나님의 사랑의 너비와 길이와 높이를 측량할 수 없으며 "지식에 넘치는 그리스도의 사랑"(엡 3:18)을 온전히 알 수가 없다. 그러나 성경에서 말하는 이 측량할 수 없는 크기는 모든 사람이 영원히 누릴 정도로 많은 사랑을 의미한다. 로마서 8장 35-39절에서 바울은 아무것도 우리를 하나님의 사랑에서 끊을 수 없다고 선포했다. 그러나 유다서 1장 21절은 하나님의 자녀가 하나님의 사랑에서 분리될 수 있음을 경고했다. 에베소 교회가 바로 그런 경우였다. 예수님은 에베소 교회를 향해 "그러나 너를 책망할 것이 있나니 너의 처음 사랑을 버렸느니라"(계 2:4; 2:1-7 참고)고 하셨다. 에베소 교회는 예수님께 칭찬받을 일을 많이 했지만 예수 그리스도를 향한 사랑에서 움직이지 않았다. 우리도 열심히 말씀을 읽고 기도하며 이웃을 돕고 교회를 섬기며 자신을 희생할 수 있다. 그러나 우리의 행위가 그리스도를 향한 사랑에서 나오지 않는다면 주님이 우리의 수고를 받지 않으실 것이다(고전 13:1-3 참고). 신실한 선교사 에이미 카마이클(Amy Carmichael)은 이런 말을 남겼다. "사랑 없이도 줄 수 있다. 그러나 주지 않고 사랑할 수는 없다."

하나님은 두 가지 모두를 원하신다.

하나님 세상의 폭은 얼마나 될까?

"하나님이 세상을 이처럼 사랑하사" _ 요 3:16

하나님의 사랑의 길이는 얼마나 될까?

"자기 아들을 아끼지 아니하시고" _ 롬 8:32

십자가에 달리게 하실 정도다.

하나님의 사랑의 깊이는 얼마나 될까?

예수 그리스도를 우리 대신 죄로 삼으실 정도다. _ 고후 5:21

하나님의 사랑의 높이는 얼마나 될까?

"내가 너희를 위하여 거처를 예비하러 가노라" _ 요 14:1–6

이 너비와 길이를 생각할수록 그리스도를 향한 사랑과

하나님의 은혜에 대한 이해가 자란다.

Paradoxes 13

보이지 않는 것을 본다

태초에 하나님이 천지를 창조하시니라 땅이 혼돈하고 공허하며 흑암이 깊음 위에 있고 하나님의 영은 수면 위에 운행하시니라 하나님이 이르시되 빛이 있으라 하시니 빛이 있었고 빛이 하나님이 보시기에 좋았더라 하나님이 빛과 어둠을 나누사 _ 창 1:1–4

하나님의 사람의 사환이 일찍이 일어나서 나가보니 군사와 말과 병거가 성읍을 에워쌌는지라 그의 사환이 엘리사에게 말하되 아아, 내 주여 우리가 어찌하리이까 하니 대답하되 두려워하지 말라 우리와 함께한 자가 그들과 함께한 자보다 많으니라 하고 기도하여 이르되 여호와여 원하건대 그의 눈을 열어서 보게 하옵소서 하니 여호와께서 그 청년의 눈을 여시매 그가 보니 불말과 불병거가 산에 가득하여 엘리사를 둘렀더라 _ 왕하 6:15–17

내 눈을 열어서 주의 율법에서 놀라운 것을 보게 하소서 _ 시 119:18

주의 말씀은 내 발에 등이요 내 길에 빛이니이다 _ 시 119:105

예수께서 대답하여 이르시되 진실로 진실로 네게 이르노니 사람이 거듭나지 아니하면 하나님의 나라를 볼 수 없느니라…그 정죄는 이것이니 곧 빛이 세상에 왔으되 사람들이 자기 행위가 악하므로 빛보다 어둠을 더 사랑한 것이니라 악을 행하는 자마다 빛을 미워하여 빛으로 오지 아니하나니 이는 그 행위가 드러날까 함이요 진리를 따르는 자는 빛으로 오나니 이는 그 행위가 하나님 안에서 행한 것임을 나타내려 함이라 하시니라 _ 요 3:3, 19–21

믿음으로 애굽을 떠나 왕의 노함을 무서워하지 아니하고 곧 보이지 아니하는 자를 보는 것같이 하여 참았으며 _ 히 11:27

그 성은 해나 달의 비침이 쓸 데 없으니 이는 하나님의 영광이 비치고 어린 양이 그 등불이 되심이라 _ 계 21:23

오늘날에는 미생물의 세계를 보고, 우주 세계와 우리를 둘러싼 자연 세계를 관찰하며, 인간의 몸속 세포와 장기, 질병까지 연구하도록 도와주는 놀라운 과학 장비들이 있다. 내 경우에는 혈당 측정 도구의 도움을 많이 받는다. 매달 눈을 검사하고 시력을 유지하도록 필요한 조치를 하는 안과 의사도 내 은인이다(연감을 보니까 해마다 만2천에서 2만4천 명의 당뇨병 환자가 시력을 잃는다고 한다. 그 통계에 나도 포함되고 싶지는 않다). 청능사는 내 보청기를 관리해준다. 나이가 들면 이런저런 문제가 많이 생긴다. 내 경우 가장 큰 관심사는 시력이다. 이 모든 관리가 이루어지도록 여러 사람과 장비를 주신 하나님께 감사드린다.

하나님은 우리에게 앞을 보는 능력을 주셨다. 이 특권을 절대 당연하게 여겨서는 안 된다. 이 글을 쓰는 계절은 아름다운 봄인데, 나는 저녁을 먹고 아내와 테라스에 앉아 정원에 핀 꽃들을 감상하고, 분주히 움직이는 새와 다람쥐도 보며, 어둠에 물드는 풍경을 바라볼 참이다. 아직 환하다면 책을 읽을 수도 있다. 그런데 시력을 잃으면 이 모든 일을 할 수가 없게 된다.

그런데 더 중요하고 잘 관리하며 보호해야 하는 또 다른 시력이 있다. 모세에게도 있었던, 보이지 않는 것을 볼 수 있는 영적인 시력이다(히 11:27). "모세는 보이지 않는 것을 보았고 사라지지 않는 것을 선택했으며 불가능한 일을 했다"(히 11:23 29 참고)라고 했던 밴스 하브너(Vance Havner) 목사의 설교가 기억난다. 이런 특권은 모세처럼 위대한 지도자만 갖는 것이 아니다. 하나님은 모든 자녀에게 그 특권을 주셨다. 예수님은 니고데모에게 사람이 거듭나면 영적인 눈이 뜨여 하나님 나라의 경이를 볼 수 있다고 하셨다(요 3:3). 신앙이 성장할수록 보이지 않는 것을 보고 하나님 나라의 아름다움과 풍성함을 누리게 된다. 여기에는 눈먼 자에서 보는 자로, 보는 자에서 통찰력이 있는 자로, 통찰력 있는 자에서 비전을 품은 자로, 비전을 품은 자에서 현실을 보는 자로 가는, 총 4 단계가 있다.

| 눈먼 자: 구원받지 않은 사람은 하나님의 일을 보지 못한다 |

예수님이 세상에 오셨을 때 사람들은 영적인 흑암에 앉아서 빛을 볼 수 없었다(마 4:13-16; 사 9:1-2). 하나님은 세상의 빛이신 예수님이 주시는, 삶이 달라지는 영광의 빛을 얻도록 사람들을 준비시키기 위해 세례 요한을 보내셨다(요 8:12). "하나님께로부터 보내심을 받은 사람이 있으니 그의 이름은 요한이라 그가 증언하러 왔으니 곧 빛에 대하여 증언하고 모든 사람이 자기로 말미암아 믿게 하려 함이라 그는 이 빛이 아니요 이 빛에 대하여 증언하러 온 자라 참 빛 곧 세상에 와서 각 사람에게 비추는 빛이 있었나니"(요 1:6-9).

빛이 빛난다는 말을 들어야 하는 사람은 눈먼 자들이다. 이 세상은 영적으로 눈먼 상태다!

요한복음을 읽다 보면 예수님이 가르치시는 내용을 이해하지 못하는 영적으로 눈먼 사람들이 나온다. 2장에서 사람들은 예수님이 성전에 대해 말씀하신다고 생각했다(13-22절). 3장에서 니고데모는 예수님이 육체적 탄생을 말씀하신다고 생각했다(1-4절). 4장에서 사마리아 여인은 영적인 물이 아니라 물리적인 물을 생각했다(1-15절). 6장에서 유대 군중은 하늘에서 주시는 영의 양식이나 인자의 살을 먹고 인자의 피를 마신다는 의미를 이해하지 못했다(22-58절). 예수님이 영적 자유를 말씀하실 때 유대인들은 정치적 자유를 생각했다(8:31-36). 이외에도 많지만 내가 말하려는 것을 알 것이다. 구원받지 못한 죄인들이 진심으로 구원을 간구한다면 성령님이 그들의 눈과 마음을 열어 영적인 진리를 깨닫게 하실 것이다. 예수님은 바리새인을 '맹인을 인도하는 맹인'으로 부르셨다(마 15:14; 23:16-26). 사탄은 흑암의 왕자이며(눅 22:53), 믿지 않는 사람들의 눈을 멀게 한다(고후 4:1-6). 잃어버린 영혼을 전도할 때 성경 말씀을 나누고 그들을 위해 기도하면, 성령님이 그들의 양심을 깨우셔서 그들을 구세주께로 인도하실 것이다.

| 보는 자: 예수님을 믿으면 진리를 볼 수 있다 |

나는 주일학교와 교회에서 배우며 자라났지만, 한참 후에나 거듭났다. 많은 씨앗이 내 마음에 심어졌으나 그때까지 열매를 맺지는 못하고 있었다. 16번째 생일을 불과 며칠 앞둔 어느 날 나는 십대선교회(Youth for Christ, YFC) 집회에 참석했다. 그날 저녁 빌리 그레이엄(Billy Graham) 목사님이 하나님의 말씀을 전했는데, 성령님이 나를 만지시며 내 눈과 마음을 여셨다. 나는 하나님의 약속을 믿고, 그분의 아들을 내 구세주요 주님으로 영접했다. 내 삶은 완전히 달라졌다. 그때야 볼 수 있게 된 것이다!

우선 나 자신에 대해 눈을 떴다. 나는 기독교인이긴 했지만 그때까지 진정한 하나님의 자녀는 아니었다. 거듭나지 않았기 때문이다. 그렇다고 목사님, 주일학교 선생님, 우리 가족, 친구들이 해주었던 노력에 아무런 의미가 없었다는 뜻은 아니다. 그들이 나를 위해 뿌린 씨앗과 기도는 그날 열매를 맺었다. 나는 예수님을 영접하고서 하나님의 자녀가 되었다. 성경에도 눈뜨게 되어 하나님의 진리를 읽고 공부하고자 하는 열망이 솟아났다. 나는 목요일 저녁 성경 공부에 참석하여 서신서와 히브리서를 공부했다. 질긴 고기를 씹는 것처럼 초신자가 소화하기에는 어려운 내용이었다. 그러나 성경을 읽고 공부하자 하나님의 뜻이 보이기 시작했고, 곧 전임 사역자가 되는 것이 하나님의 뜻임을 깨달았다.

나를 비롯한 여러 초신자에게 신앙생활의 기본이 뿌리내리도록 헌신한 믿음의 선배들을 보내주신 하나님께 감사드린다. 그분들은 우리를 위해 기도해주고, 신앙 서적과 기독교 잡지에 대해 이야기해주었으며, 매주 성경 말씀을 가르쳐주었다. 나도 초신자나 갓 목사 안수를 받은 목회자를 만나 그들의 삶과 사역을 격려하는 기쁨을 누리고 있다. 모두가 디모데전서 2장 2절에 순종해야 한다. 모든 신자는 나이가 적든 많든 날마다 집에서 성경을 읽고, 교회에서 예배드리며, 이웃에게 복음 전하는 법을 배워야 한다.

| 통찰력 있는 자: 은혜 안에 성장하면 더욱 깊이 본다 |

통찰은 상황과 개념, 사람과 사물의 내면을 꿰뚫어 보는 능력이다. 성경에 나오는 단어, 이미지, 교훈에서 숨은 의미를 파악하는 능력도 통찰에 해당한다. "내 눈을 열어서 주의 율법에서 놀라운 것을 보게 하소서"(시 119:18)는 성경을 공부하는 모든 사람에게 필요한 기도다. 이것과 함께 해야 할 기도는 "내 눈을 돌이켜 허탄한 것을 보지 말게 하시고 주의 길에서 나를 살아나게 하소서"(시 119:37)다. 덴마크의 기독교 철학자 쇠렌 키르케고르는 "주여, 가치 없는 것들에게는 약한 시력을 주시고 주의 진리에 대해서는 명확히 보는 시력을 주십시오"라고 기도했다. 성령님은 우리의 교사로서(요 14:26) 여러 말씀을 비교하거나 하나님의 말씀을 묵상할 때 새로운 진리를 발견하게 하시며, 하나님이 명령하신 일에 순종하게 하신다. 성실한 신자라면, 성경을 아무 생각 없이 대충 훑어서는 안 된다. 성경을 읽다가 잠시 멈추고, 기도하며 말씀을 깊이 묵상하는 시간을 반드시 보내야 한다. 또 성경을 읽을 때는 관련 구절을 참조하고 한 구절이 다른 구절을 비추는 빛이 되게 해야 한다.

하나님의 말씀을 가르치는 성숙한 교사는 성경 자체를 강해자로 사용하는 방법을 안다. 물론 성도들에게는 교사와 강해자가 필요하다. 그러나 반드시 우리 스스로 성경을 주의 깊게 읽고 관련 구절을 비교하며 하나님의 진리를 묵상하는 시간을 보내야 한다. 어릴 때 "의인은 그의 믿음으로 말미암아 살리라"(합 2:4)는 말씀이 신약성경에 3번(롬 1:17; 갈 3:11; 히 10:38) 인용되었다는 사실을 알았을 때 느꼈던 흥분을 지금도 기억한다. 로마서에서는 도입부에 '의인'에 대해 말하면서 인용되었고, 갈라디아서에는 중반에 의인의 삶에 대해 말하며 언급되었다. 또한 히브리서에서는 후반부에 '믿음으로'라는 주제를 강조하기 위해 인용되었다(히브리서 11장에 "믿음으로"가 18번 나온다).

반복되는 성경구절을 추적하고 공부하는 방법은 성경의 진리를 더 깊이 발견하는 놀라운 방법이다. 이왕이면 관련 구절이 잘 정리되어 있고 용어 색인이 완벽히 정리된 성경책을 보는 것이 좋다. 제롬 스미스(Jerome H. Smith)가 편집한 『성경 지식의 새로운 보고』(*The New Treasury of Scripture Knowledge*)를 한 권 구하기 바란다. 내 경우에는 이 책에 상호 참조 구절이 수천 가지나 나와 성경을 공부하는 데 큰 도움을 받았다.

| 비전을 품은 자: 보이지 않는 것을 본다 |

성경이나 교회사에 기록된 인물을 만나서 "어떻게 그런 일을 할 수 있었습니까?"라고 질문한다면 아마도 이런 대답이 돌아올 것이다. "주님이 비전을 주셨고, 주님을 신뢰하고 그분께 순종했을 뿐입니다. 나머지는 그분이 다 해주셨습니다." 히브리서 11장에 언급된 영웅들은 오직 '믿음으로' 승리를 거두었다고 분명히 말한다. 하나님은 아브라함과 사라에게 그들의 아들 이삭에게서 강한 나라가 시작되리라는 비전을 주셨다. 이삭은 이 비전을 야곱과 나누었고, 하나님은 야곱에게 하나님의 백성인 이스라엘의 열두 지파를 이룰 열두 아들을 주셨다. 야곱은 죽기 전에 각 아들에게 특별한 메시지를 전했다(창 49장). 하나님의 부르심에 대한 야곱의 비전은 유대 민족이 수백 년 동안 고난을 견딜 힘이 되었다. 요셉은 자신을 약속의 땅에 조상들과 함께 묻어달라고 했다(창

50:22-26; 출 13:19). 유대 족장들은 위대한 땅에 살게 될 것이라는 위대한 나라에 대한 비전을 품었고, 하나님은 자신의 백성과 맺은 언약을 모두 이루셨다.

하나님은 모세에게 이스라엘 민족이 이집트를 떠나 약속의 땅으로 갈 것이라는 비전을 주셨고, 모세는 믿음으로 그들을 구했다. 여호수아는 땅을 정복하고 주민들을 진압하며 이스라엘 나라를 세우리라는 비전을 받았고, 하나님은 그의 믿음을 존중하셨다. 정치, 종교 면에서 오랜 시간 혼란을 겪은 끝에 이스라엘 민족은 다윗이 통치하는 왕국이 되었다. 다윗은 '다윗의 자손'이신 우리 주 예수 그리스도의 조상이 되었다. 성경에서 가장 격려가 되는 말씀 중 하나는 사무엘하 7장에 나오는, 하나님이 다윗과 맺어주신 언약이다. 시험에 들기도 하고 실패하기도 했던 다윗이지만, 그의 이름은 성경에 천 번이나 나오며, 신약성경의 시작인 마태복음 1장 1절에도 나온다. 예수님을 '다윗의 자손'으로 기록한 것이다.

전부는 아니더라도 이 땅에서 이루어지는 창조 작업 대부분이 비전으로 시작한다. 화가는 머릿속에서 그림을 '보고' 스케치를 시작하여 그림을 완성한다. 그림은 생각과 캔버스에서 동시에 자란다. 건축가는 건물을 상상하며 머릿속에서 본 것을 그려 청사진으로 완성한다. 작곡가는 머릿속 멜로디를 오선지 위에 눈에 보이는 음표로 그려 교향곡을 완성한다. 또 작가는 특수한 장소에서 벌어지는 특수한 상황에 처한 인물들에 대한 비전을 갖고 소설을 쓴다. 목회자는 성경구절을 묵상하며 성령의 도움으로 설교를 '보고, 느끼기' 시작한다. 요리하든 방을 꾸미든 연설을 준비하든, 시를 쓰든 휴가를 계획하든, 모든 일에는 비전이 필요하다.

예수님은 제자들이 전도에 집중하기를 바라면서 이렇게 말씀하셨다. "너희 눈을 들어 밭을 보라 희어져 추수하게 되었도다"(요 4:35). 예수님은 제자들이 사마리아 여인을 보도록 이끄셨다. 예수님이 구원으로 이끄신 그 여인은 이제 동네 사람들을 우물가로 데려오고 있었다. 제자들은 사마리아인 원수들이 온다고 생각했을지 모르지만 예수님은 영혼의 추수를 보셨다. 예리한 영적 시력을 가진 신자들은 하나님이 보시는 눈으로 사람과 상황, 문제를 보며, 힘들어하는 사람들을 축복하고, 그 상황을 하나님께 영광 돌릴 기회로 여긴다. 보통 '선구자'를 '몽상가'로 이해하지만, 그리스도인의 사전에서 선구자는 '몽상가'가 아니라 '행동하는 사람'이다. 선교사가 선구자가 되지 않는다면 많은 것을 이루기가 어려울 것이다.

허드슨 테일러는 복음을 들고 중국 내륙으로 가는 비전을 품었다. 그 비전으로 중국내지선교회를 세웠다. 여러 목회자와 사업가가 청소년과 군인을 전도하려는 꿈을 품은 결과로 YFC가 세워졌다. 무디는 사람들이 성경을 공부하고 교회를 섬기는 일을 잘 준비하도록 학교를 세울 비전을 품었고, 그 결과 무디성경학교가 세워졌다. 에이미 카마이클은, 납치되어 우상 숭배와 간음을 강요받는 인도 소녀들을 구하려는 비전을 품고, 지금도 그 사역을 이어가고 있다. 하나님은 척 콜슨에게 교도소에 있는 재소자들과 그들의 가족을 대상으로 사역하라는 비전을 주셨고, 그 결과 교도소선교회(Prison Fellowship)가 세워졌다. 먼저 비전을 받은 사람이 다른 사람들과 함께하면서 그 비전이 자라고, 미처 깨닫기도 전에 그 비전은 사람들을 전도하고 하나님을 영화롭게 하는 멋진 현실이 된다.

하나님은 죄인을 구원하시고, 그들을 눈먼 자에서 볼 수 있는 자가 되게 하신다. 그리고 보는 데서 통찰력 있는 자리로, 통찰력 있는 데서 비전을 품는 데로, 비전을 품는 데서 실제 사역의 현장으로 옮기신다. 우리도 모세처럼 보이지 않는 것을 보며, 결국에는 불가능한 일을 해낼 것이다. 사람들은 불가능하다고 말하지만, 성경과 교회 역사에서는 '이미 일어났고 앞으로 일어날 일' 말이다!

당신은 행동하는 사람인가?

예리한 영적 시력을 가진 신자들은

하나님이 보시는 눈으로 사람과 상황, 문제를 보며,

힘들어하는 사람들을 축복하고,

그 상황을 하나님께 영광 돌릴 기회로 여긴다.

Paradoxes

14

없는 것까지 빼앗긴다

또 어떤 사람이 타국에 갈 때 그 종들을 불러 자기 소유를 맡김과 같으니 각각 그 재능대로 한 사람에게는 금 다섯 달란트를, 한 사람에게는 두 달란트를, 한 사람에게는 한 달란트를 주고 떠났더니 다섯 달란트 받은 자는 바로 가서 그것으로 장사하여 또 다섯 달란트를 남기고 두 달란트 받은 자도 그같이 하여 또 두 달란트를 남겼으되 한 달란트 받은 자는 가서 땅을 파고 그 주인의 돈을 감추어 두었더니 오랜 후에 그 종들의 주인이 돌아와 그들과 결산할새 다섯 달란트 받았던 자는 다섯 달란트를 더 가지고 와서 이르되 주인이여 내게 다섯 달란트를 주셨는데 보소서 내가 또 다섯 달란트를 남겼나이다 그 주인이 이르되 잘하였도다 착하고 충성된 종아 네가 적은 일에 충성하였으매 내가 많은 것을 네게 맡기리니 네 주인의 즐거움에 참여할지어다 하고 두 달란트 받았던 자도 와서 이르되 주인이여 내게 두 달란트를 주셨는데 보소서 내가 또 두 달란트를 남겼나이다 그 주인이 이르되 잘하였도다 착하고 충성된 종아 네가 적은 일에 충성하였으매 내가 많은 것을 네게 맡기리니 네 주인의 즐거움에 참여할지어다 하고 한 달란트 받았던 자는 와서 이르되 주인이여 당신은 굳은 사람이라 심지 않은 데서 거두고 헤치지 않은 데서 모으는 줄을 내가 알았으므로 두려워하여 나가서 당신의 달란트를 땅에 감추어 두었었나이다 보소서 당신의 것을 가지셨나이다 그 주인이 대답하여 이르되 악하고 게으른 종아 나는 심지 않은 데서 거두고 헤치지 않은 데서 모으는 줄로 네가 알았느냐 그러면 네가 마땅히 내 돈을 취리하는 자들에게나 맡겼다가 내가 돌아와서 내 원금과 이자를 받게 하였을 것이니라 하고 그에게서 그 한 달란트를 빼앗아 열 달란트 가진 자에게 주라 무릇 있는 자는 받아 풍족하게 되고 없는 자는 그 있는 것까지 빼앗기리라 이 무익한 종을 바깥 어두운 데로 내쫓으라 거기서 슬피 울며 이를 갈리라 하니라 _ 마 25:14–30

예수님의 달란트 비유를 요약하면 '자신을 속이지 마라' 또는 '그리스도인의 삶은 진지한 일이므로 최선을 다하라'일 수 있다. 같은 주인을 섬기는 세 종이 있다. 처음 두 사람은 칭찬과 높임을 받고 기뻐하게 되었지만, 마지막 사람은 모든 것을 잃고 외로움과 어두움과 고통을 겪는다.

이것이 이 시대를 사는 하나님의 백성과 무슨 관련이 있을까? 13절에 답이 있다. "그런즉 깨어 있으라 너희는 그날과 그때를 알지 못하느니라." 예수님이 오시면 세상에 살아 있거나 땅에 묻힌 하나님의 백성은 하늘로 올라간다(고전 15:50-58; 살전 4:13-18). 그때 우리는 심판대에서 하나님 앞에 서서 우리의 모든 행실을 설명해야 할 것이다(롬 14:10-12; 고후 5:10). 신실했던 사람은 상을 받지만 나머지는 "불 가운데서" 구원받을 것이다(고전 3:5-17). 믿는 사람의 성실함과 섬김이 그리스도의 심판대에서 그가 받을 상급과 자리를 결정한다.

이 비유는 예수님의 다시 오심과 장차 심판대에 서게 될 날을 대비하기 위해 우리에게 필요한 실제적인 원리를 제시한다.

| 능력은 기회로 이어진다 |

오늘날 '재능'(talent)이란 타고난 기술과 능력을 말한다. 그러나 신약성경 시대에 달란트는 화폐 단위로, 이것은 일용직 노동자의 1년 품삯에 해당했다. 본문에서 주인은 종의 능력에 따라 달란트를 분배했다. 매우 공정한 임무 배정이었다. 달란트는 우리에게 있는 능력을 사용하도록 하나님이 주시는 기회를 의미한다. 한 달란트를 받은 종이 한 달란트만 더 벌었어도 그는 다른 종과 같은 보상을 받았을 것이다.

다른 사람에게 있는 능력이 우리에게 없는 것은 우리 잘못이 아니다. 우리는 어머니에게 잉태되었을 때 능력을 받고, 회심했을 때 영적 은사를 받는다(시 139:13-16; 고전 12장). 나의 두 형은 각각 기계와 운동에 재능이 있지만, 나에게는 두 가지 재능이 다 없다. 그래서 나는 차를 수리해달라거나 운동 경기 심판을 해달라는 부탁을 받아본 적이 없다. 초등학교 시절 체육 시간에 팀을 정할 때면 나는 언제나 마지막에 선택받았다. 자신이 받은 능력과 은사를 알고, 그것을 주신 하나님께 감사하며, 하나님의 뜻을 행하고 그분의 이름을 영화롭게 하는 데 그것을 사용해야 한다.

세 번째 종은 한 달란트만 받았고 능력도 적으니 자신이 별로 중요한 사람이 아니라고 생각하는 잘못을 저질렀다. 그렇게 적은 것으로 무엇을 할 수 있단 말인가? 주인은 이 종이 악하고 게으른 자(26절)라는 것을 알면서도 그에게 승진할 기회를 주었다. 조지 모리슨은 “진정한 보상은 더 큰 일이 아니다. 더 큰 일을 할 수 있는 능력이다"라고 말했다.[1] 보상으로 더 큰 기회를 얻기 위해, 적은 것으로 성실하게 하나님을 섬기는 그리스도인은 더 큰 힘을 얻을 것이다(21-23절).

청년 요셉은 감옥에서 성실한 종으로서 섬겼고, 이집트에서 둘째가는 총리가 되었다(창 39-41장). 다윗은 양을 치는 목동이었다가 이스라엘 최고의 왕이 된다. 가난한 과부였던 룻은 이삭 줍는 일로 생계를 유지하는 이방인이었으나 시어머니를 사랑하고 성실하게 보살폈고, 결국 베들레헴 최고 부자와 결혼하며 예수님의 조상이 된다. 여호수아는 모세를 섬기는 사람이었지만, 훗날 그의 후계자가 되어 약속의 땅을 차지하는 정복자가 된다.

이처럼 하나님 아버지가 우리에게 바라시는 것은 그분이 맡긴 일을 조심스럽게 보호하기만 하는 게으른 관리인이 아니다. 하나님은 우리가 그분의 뜻에 순종하고 힘을 키워, 더욱 크고 더 나은 일을 할 능력을 갖춘 성실한 종이자 일꾼, 투자자가 되기를 바라신다. 하나님이 주신 능력과 은사를 더욱 계발하고 하나님의 영광을 위해 사용하라. 하나님은 우리를 더욱 성장시키시고, 우리에게 상급을 주실 것이다.

---

1 George Morrison, *Highways of the Heart* (Grand Rapids: Kregel, 1994), 262.

| 책임은 관계의 문제다 |

아직 담임목사로 부름 받기 전인 신학생 시절에 나는 다양한 상사 아래에서 임시직으로 일을 해보았다. 나는 내 직속 상사와 '사장님'의 관계가 어떠한지, 사장님이 상사와 나에게 요구하는 사항이 무엇인지 금방 알아차렸다. 나는 상사가 좋은 성과를 얻도록 최선을 다했다.

사장님에게 문제만 일으키는 직원은 다른 일을 찾아보는 수밖에 없다.

예수님의 비유에서 세 번째 종은 주인이나 일과 행복한 관계에 있지 않았다. 그는 자기가 하는 일에 마음을 두지도 않았고, 주인을 향한 사랑에서 우러나 행동하지도 않았다. 그는 주인을 다른 사람에게 일만 시키고, 자기 공만 챙기는 욕심 많은 사람이라고 생각했다(24절). 그래서 그는 주인이 지켜볼 때만 일했다. 바울은 이를 '눈가림'이라고 했다(엡 6:6; 골 3:22). 종은 자신이 한 달란트만 받았다는 사실을 수치스럽게 생각했을지도 모른다. 그러나 주인은 종이 능력도 많지 않고 일할 마음이 없는 것을 알면서도 그를 공평하게 대했다. 종에게 최대한 친절을 베푼 것이다. 하나님과 우리의 관계는 열매 맺는 신실한 신앙생활의 열쇠가 된다. 예수님은 포도나무요 우리는 가지이므로 우리는 예수님께 힘을 받아야 한다(요 15:1-8). 예수님은 요한복음 15장 5절에서 "나를 떠나서는 너희가 아무것도 할 수 없음이라"고 분명히 말씀하셨다.

아무리 많은 훈련을 받고 경험이 풍부해도 우리의 섬김이 열매 맺는 것은 하나님의 축복이다. 날마다 하나님의 말씀과 기도 안에서 하나님과 교제하지 않는다면(행 6:4), 하나님의 뜻을 알 수도 없고 그분의 영광을 위해 일할 수도 없다. 세 번째 종은 주인을 멸시하며 자신에게 맡겨진 일에 대해 주인을 속였다. 그 결과 보상을 얻기는커녕 질책당하고 거절당했다. 나는 자신이 기대했던 기도 응답을 주시지 않았다며 하나님께 화를 내는 사람들을 종종 본다. 그들은 신명기 말씀을 잊은 게 분명하다. "너는 마음을 다하고 뜻을 다하고 힘을 다하여 네 하나님 여호와를 사랑하라"(신 6:5).

하나님을 섬기는 일은 특권이다. 하나님께 우리의 가장 좋은 것을 드려야 한다. 종의 마음이 그가 하는 일에 담기지 않으면 매우 고되고 단조로운 일이 되고 말 것이다.

| 청지기는 주인이 아니다 |

세 번째 종은 주인에게 잘못된 태도를 보였을 뿐 아니라 주인이 자신에게 준 달란트에 대해서도 잘못 생각했다. 그는 달란트를 자기 것으로 생각하고 마음대로 해도 된다고 여겼다. 그러나 우리가 가진 모든 것은, 우리의 몸과 마음과 뜻(롬 12:1-2)을 비롯하여 우리의 집과 가구, 재정과 매일의 계획까지, 하나님이 주시며 하나님께 속했다는 사실을 기억해야 한다. 우리는 청지기이므로 하나님이 우리에게 주신 것으로 그분을 섬기고 영화롭게 해야 한다. "땅과 거기에 충만한 것과 세계와 그 가운데에 사는 자들은 다 여호와의 것이로다"(시 24:1). "그리고 맡은 자들에게 구할 것은 충성이니라"(고전 4:2).

종은 달란트를 자기 소유로 생각해서 주인이 찾을 때까지 지키고자 땅에 묻어두었다. 결국 그의 한 달란트는 열 달란트 가진 종의 차지가 되었다. "무릇 있는 자는 받아 풍족하게 되고 없는 자는 그 있는 것까지 빼앗기리라"(마 25:29). 필립스 역본은 "그의 아무것도 없는 것까지 빼앗기리라"고 번역되었다. 이는 또 다른 역설이다. 성경 인물 중에는 자신이 무언가를 가졌다고 생각했지만 실상은 아무것도 갖지 않은 경우가 있었다. 그 아무것도 없는 것마저 빼앗긴다는 말이다. 헤롯 왕(행 12:20-23), 아나니아와 삽비라(행 5:1-11), 젊은 부자(막 10:17-22), 여왕 이세벨(왕하 9:30-37), 하만(에 5:11; 7:1-10), 가룟 유다(행 1:15-20)를 생각하면 된다. "만일 누가 아무것도 되지 못하고 된 줄로 생각하면 스스로 속임이라"(갈 6:3). 우리를 부요하게 하시려고 스스로 가난해지신 우리 주 예수 그리스도와는 대조적이다(고후 8:9).

| 믿음은 두려움을 이기고 순종과 축복의 길을 걷도록 이끈다 |

수익을 내지 못한 종은 주인을 완고한 사람이라고 생각하며, 믿음이 아니라 두려움으로 행동했다(마 25:24-25). 그는 심지어 이렇게 생각했을 것이다. '이 돈을 투자했다가 실패하거나 누가 달란트를 훔쳐 가면 어쩌지? 주인이 나를 가만두겠어?' 생각이 짧은 이 종이 게으른 태도를 버리고 다른 두 종처럼 열심히 일했다면 그도 성공하는 방법을 터득했을 것이다. 그러나 이미 늦었다. 그가 바란 것은 안전이었다. 그는 한 달란트를 땅에 묻었다. 주인이 두려웠고 실패가 두려웠다. 그러나 그는 그런 생각 때문에 결국 실패하고 말았다. "게으른 자는 사리에 맞게 대답하는 사람 일곱보다 자기를 지혜롭게 여기느니라"(잠 26:16). 한 달란트 받은 종은 자기의 잘못을 인정하고 자기 방법을 바꾸기는커녕 주인을 비난했다. 흔히 하는 말대로, 변명만 늘어놓는 사람은 아무것도 할 수 없다.

두려움 자체가 적은 아니다. 아이들에게는 불이나 높은 곳, 전기나 독약, 뾰족한 도구와 낯선 사람의 호의를 두려워하도록 가르쳐야 한다. 그러나 두려움 때문에 하나님의 얼굴을 피하고 기도와 말씀에서 멀어진다면 그 두려움은 우리의 적이 분명하다. 그런 두려움은 우리를 마비시키지만, 믿음은 우리를 소생시킨다.

세상에서 가장 안전한 장소는 하나님의 뜻 안에 있는 것이다.

그분의 뜻 안에 있으면 두려워할 이유가 없다. 성경에 나오는 사람들이 홍해를 건너거나 풍랑을 지나거나 무시무시한 불가마에 던져진 것처럼 우리에게도 언제 그런 일이 닥칠지 모른다. 그러나 우리가 주인을 향한 사랑으로 움직이고 주인의 뜻에 순종한다면 우리는 안전하다. 하나님은 우리에게 어려움을 견딜 힘을 주실 것이다. "보라 하나님은 나의 구원이시라 내가 신뢰하고 두려움이 없으리니"(사 12:2). "여호와는 나의 빛이요 나의 구원이시니 내가 누구를 두려워하리요 여호와는 내 생명의 능력이시니 내가 누구를 무서워하리요"(시 27:1). "내가 여호와께 간구하매 내게 응답하시고 내 모든 두려움에서 나를 건지셨도다"(시 34:4). "하나님이 우리에게 주신 것은 두려워하는 마음이 아니요 오직 능력과 사랑과 절제하는 마음이니"(딤후 1:7).

우리에게는 하나님을 만나기 전까지 해야 할 일이 있다. 하나님은 모든 자녀가 복음을 전하는 일에 각자 역할을 담당하도록 준비시키신다.

믿음은 두려움을 이기게 하며 우리를 순종과 축복으로 인도한다. "세상을 이기는 승리는 이것이니 우리의 믿음이니라"(요일 5:4).

세 번째 종은 한 달란트만 받았고 능력도 적으니 자신이
별로 중요한 사람이 아니라고 생각하는 잘못을 저질렀다.
그렇게 적은 것으로 무엇을 할 수 있단 말인가?
주인은 이 종이 악하고 게으른 자라는 것을 알면서도
그에게 승진할 기회를 주었다. 조지 모리슨은
"진정한 보상은 더 큰 일이 아니다. 더 큰 일을 할 수 있는
능력이다"라고 말했다. 보상으로 더 큰 기회를 얻기 위해,
적은 것으로 성실하게 하나님을 섬기는 그리스도인은
더 큰 힘을 얻을 것이다.

Paradoxes 15

자유를 위해 멍에를 멘다

예수께서 권능을 가장 많이 행하신 고을들이 회개하지 아니하므로 그때에 책망하시되 화 있을진저 고라신아 화 있을진저 벳새다야 너희에게 행한 모든 권능을 두로와 시돈에서 행하였더라면 그들이 벌써 베옷을 입고 재에 앉아 회개하였으리라 내가 너희에게 이르노니 심판 날에 두로와 시돈이 너희보다 견디기 쉬우리라 가버나움아 네가 하늘에까지 높아지겠느냐 음부에까지 낮아지리라 네게 행한 모든 권능을 소돔에서 행하였더라면 그 성이 오늘까지 있었으리라 내가 너희에게 이르노니 심판 날에 소돔 땅이 너보다 견디기 쉬우리라 하시니라 그때에 예수께서 대답하여 이르시되 천지의 주재이신 아버지여 이것을 지혜롭고 슬기 있는 자들에게는 숨기시고 어린아이들에게는 나타내심을 감사하나이다 옳소이다 이렇게 된 것이 아버지의 뜻이니이다 내 아버지께서 모든 것을 내게 주셨으니 아버지 외에는 아들을 아는 자가 없고 아들과 또 아들의 소원대로 계시를 받는 자 외에는 아버지를 아는 자가 없느니라 수고하고 무거운 짐 진 자들아 다 내게로 오라 내가 너희를 쉬게 하리라 나는 마음이 온유하고 겸손하니 나의 멍에를 메고 내게 배우라 그리하면 너희 마음이 쉼을 얻으리니 이는 내 멍에는 쉽고 내 짐은 가벼움이라 하시니라 _ 마 11:20-30

예수님은 목수인 아버지 요셉의 작업장에서 멍에를 만들고 수리하는 일을 도우셨다. 멍에가 없다면 농부들의 농사가 여간 어려운 게 아니다. 성경에서 멍에를 메는 일은 속박을 상징하며(신 28:48; 렘 27장; 갈 5:1), 멍에를 벗거나 꺾는 일은 자유를 상징한다(렘 28:1-14). 유대 아이들은 율법을 배우기 위해 랍비 밑으로 들어갈 때 '멍에를 멘다'고 했다.

예수님이 우리에게 주신 멍에는 우리를 속박이 아니라 자유로 인도하며, 신앙생활이 성장하도록 돕는다. 예수님께 순복하지 않는다면 그분께 배우거나 오직 예수님만이 주시는 축복을 경험할 수 없다. 마태복음 11장 20-30절에서 예수님은 세 부류의 사람을 다루신다. 믿음 없는 사람들(20-24절), 힘없는 사람들(25-27절), 지친 사람들(28-30절)이다.

| 심판: 예수님 그리고 믿음 없는 사람들(마 11:20 – 24) |

공생애 3년 동안 예수님은 세상 곳곳을 다니시며, 배고픈 사람들을 먹이고 병들고 불구인 사람을 고쳐주시고, 귀신 들린 사람을 구하고 죽은 사람을 살리심으로써 사람들을 향한 사랑을 보이셨다. 예수님께 대적하는 원수들은 그분의 능력이 사단에게서 왔다고 떠들었지만(마 12:22-30) 베드로는 바른 말을 했다. "주는 그리스도시요 살아 계신 하나님의 아들이시니이다"(마 16:16). 예수님을 믿는 사람은 새 삶을 얻었지만 예수님을 거부한 사람은 영생을 빼앗겼다. 본문에서 예수님은 자신을 믿으려 하지 않는 사람들을 책망하신다. 그들은 예수님의 말씀을 듣고 그분이 행한 기적을 보았으나 그분을 믿고 구원받기를 거부했다. "이렇게 많은 표적을 그들 앞에서 행하셨으나 그를 믿지 아니하니"(요 12:37).

가버나움은 갈릴리 호수 서편에 위치한 당시 중요한 도시였다.

예수님이 그곳에서 많은 기적을 행하셨으나 사람들은 예수님을 믿지 않는 편을 선택했다. 예수님은 갈릴리에서 사역하실 때 가버나움을 본부로 삼으셨다(마가복음 2장 1절에는 "집"이라고 나옴). 또 베드로와 안드레는 가버나움 출신이었다(막 1:21, 29). 가버나움에는 회당이 있었고, 베드로의 장모는 열병으로 집에 누워 있다가 예수님께 병 고침을 받았다(막 1:29-31). 예수님은 가버나움에서 많은 기적을 행하셨다. 귀신을 쫓아내시고(막 1:23-28), 중풍병자를 고치셨으며(막 2:1-12), 야이로의 죽은 딸을 살리셨다. 또 혈루증이 있는 여인을 고쳐주시고(막 5:21-43), 두 맹인도 고치셨으며(마 9:27-31), 말 못하는 귀신이 들린 아이도 고쳐주셨다(막 9:14-29). 고라신과 벳새다도 당시 중요한 도시였으나 가버나움만큼은 아니었다.

여러 도시를 다니며 복음을 전하기란 분명 쉽지 않은 일이다. 예수님은 각 지역 사람들을 무시하지 않으셨지만, 그렇다고 무조건 받아주지도 않으셨다. 사람들이 예수님의 참을성을 시험하는 때가 반드시 찾아왔고, 예수님은 명확히 선을 그으셨다. 지금도 어둠 가운데 있는 마을이나 도시가 있지만 거의 대부분 지역에 기독교 프로그램이 있기 때문에 구원을 원하는 죄인이라면 라디오나 텔레비전만 켜면 된다. 성경책은 호텔 객실만이 아니라 식료품점이나 약국에서도 구할 수 있다. 구원에 이르는 길을 제시하는 교회 광고도 쉽게 볼 수 있다. 이렇게 복음은 이미 충분히 제시되어 있다. 그런데도 예수 그리스도를 거부하는 사람들은 빛의 홍수를 거부하는 죄를 짓고 있다. 교회의 사명은 잃어버린 세계에 구원의 기쁜 소식을 전하고 남녀노소 모두가 예수 그리스도를 믿도록 기도하는 것이다.

| 은혜: 예수님 그리고 힘없는 사람들(마 11:25-27) |

예수님은 잃어버린 영혼을 향한 하나님의 너그러운 사랑에 감사하고, 힘없는 "어린아이들"을 기꺼이 구해주신 하늘 아버지께 감사드리셨다. 예수님 당시의 종교 지도자들은 예루살렘에 있는 아름다운 성전, 자신들의 풍부한 성경 지식, 매주 회당에 모이는 성실함을 큰 자랑으로 여겼다. 제사장, 서기관, 바리새인은 "지혜롭고 슬기 있는 자들"이었으나 자신들의 메시아를 알아보지도 못하고, 하나님의 아들을 체포하여 십자가에 매달았다. 그들이

스스로 낮추고 어린아이처럼 힘없는 자리로 내려갔다면, 하나님은 그들을 구하셨을 것이다. 하나님이 구원하시는 사람은 많은 일을 성취한 교만한 자가 아니라 자기 자신을 스스로 구할 수 없다는 사실을 아는 겸손한 어린아이이다.

> 형제들아 너희를 부르심을 보라 육체를 따라 지혜로운 자가 많지 아니하며 능한 자가 많지 아니하며 문벌 좋은 자가 많지 아니하도다 그러나 하나님께서 세상의 미련한 것들을 택하사 지혜 있는 자들을 부끄럽게 하려 하시고 세상의 약한 것들을 택하사 강한 것들을 부끄럽게 하려 하시며 하나님께서 세상의 천한 것들과 멸시 받는 것들과 없는 것들을 택하사 있는 것들을 폐하려 하시나니 이는 아무 육체도 하나님 앞에서 자랑하지 못하게 하려 하심이라(고전 1:26-29).

당신은 힘없고 죄 많은 어린아이인가, 아니면 당신의 행동과 성품으로 성부 하나님께 잘 보이려고 노력하는 사람인가?

성자 하나님은 성부 하나님을 우리에게 보이신다. 예수님은 제자들에게 "나를 본 자는 아버지를 보았거늘"(요 14:9)이라고 하셨다. 성경에 기록된 예수님의 말과 행동에서 예수님의 사람 되심과 아버지의 일을 볼 수 있다. 예수님이 아이들을 품에 안으신 모습에서 우리는 아이들을 사랑하시는 하늘 아버지를 본다. 또 예수님이 죄인들을 용서하시는 모습에서 하늘과 땅의 주재이신 하늘 아버지가 죄인을 용서해주시고, 자녀로 받아주시는 모습을 본다. 성부 하나님은 아들에게 모든 것을 주셨고(27절), 그 아들은 거듭난 사람에게 모든 것을 주신다. "자기 아들을 아끼지 아니하시고 우리 모든 사람을 위하여 내주신 이가 어찌 그 아들과 함께 모든 것을 우리에게 주시지 아니하겠느냐"(롬 8:32). 우리는 어떤 필요든지 하나님께 구할 수 있다. "나의 하나님이 그리스도 예수 안에서 영광 가운데 그 풍성한 대로 너희 모든 쓸 것을 채우시리라"(빌 4:19). "아버지께서 아들을 사랑하사 만물을 다 그의 손에 주셨으니"(요 3:35; 요 13:3 참고).

| 평안: 예수님 그리고 지친 사람들(마 11:28－30) |

드디어 이번 장의 역설이 나온다. 그리스도가 우리에게 주시는 멍에를 메면 우리는 마음에 평안과 자유를 얻는다. 그래서 우리는 자유로워지기 위해 오히려 멍에를 멘다. 영국의 신학자 피터 포사이스(P. T. Forsyth)는 이런 글을 남겼다. "모든 영혼의 첫째 의무는 자유를 찾는 것이 아니라 주님을 찾는 것이다."[1] 내가 사는 도

1 P. T. Forsyth, *Positive Preaching and the Modern Mind* (Grand Rapids: Baker), 28. 또한 71을 보라.

시에는 훌륭한 풋볼팀으로 유명한 대학교가 있다. 이들은 어떻게 탁월할 수 있는가? 선수는 훌륭한 코치의 지도를 받아야 자신의 기량을 발휘할 수 있다. 이 대학교는 음대도 훌륭하다. 음대생은 어떻게 최고의 음악가가 될 수 있는가? 훈련과 성장을 위해 자유를 포기하고 그 대신 재능 있는 교사의 지도와 훈련을 받아야 한다. 그러다 보면 능숙하게 연주하는 자유를 누리게 된다. 모두 제대로 된 교사를 따른 덕분에 자기 분야에서 최고라는 평을 들을 수 있었다. 자유로 가는 길의 핵심은 올바른 스승에게 순종하는 데 있다. 그리고 그리스도인의 스승은 하나님의 아들 예수 그리스도시다.

모세는 이스라엘 민족에게 우리도 명심해야 할 중요한 영적 원리인 멍에의 원칙을 알려주었다. "너는 소와 나귀를 겨리하여[한 멍에에 매어] 갈지 말며"(신 22:10). 여기에는 분명한 이유가 있다. 두 동물은 완전히 다르므로 함께 일하기가 어렵다. 사도 바울은 믿지 않는 사람들과 멍에를 같이 메지 말라는 교훈을 고린도 신자들에게 가르치기 위해 이 말을 했다(고후 6:11-18). 유대 율법에서 나귀는 불결한 동물이지만 소는 정결한 동물이다. 나귀는 충동적이고 독립적이지만 소는 느리고 신중하다. 나는 목회하면서 불균등한 멍에를 진 사람들이 결혼생활이나 사업에서 큰 고통과 슬픔을 겪는 것을 자주 보았다

우리는 피곤한 세상에 살고 있다. 그 어느 때보다 빠르고 좋은

여건에서 여행하고 소통할 수 있지만, 이런 유익에 치러야 할 대가가 있다. 분별력 있는 의사라면 피곤함 때문에 괴로워하는 환자에게 다음과 같이 처방을 내릴 것이다. '속도를 늦추세요!' 예수님 시대에는 삶이 훨씬 단순했으므로 모든 사람의 마음이 평온했다고 생각할지도 모르겠다. 그러나 말씀을 보면 예수님은 지친 마음을 고치는 약을 주시려고 사람들을 초청하셨다. 아우구스티누스는 이런 글을 남겼다. "주님은 자신을 위해 우리를 만드셨으며, 그렇기에 우리의 마음은 주 안에서 안식할 때까지 평안할 수 없다." 약국에 가서 수면제를 살 수는 있으나 평안과 안식은 살 수 없다. 주님은 우리가 순종만 하면 지치고 불안한 마음을 잠재울 수 있는 네 가지 방법을 알려주셨다.

오라

그리스도께 온다는 말은, 그리스도께 순복하고 그분을 구세주요 주님으로 믿는다는 뜻이다. 우리는 소위 위대한 종교의 창시자들에게 갈 수가 없다. 그들은 이미 죽었고 우리를 위해 할 수 있는 일이 없기 때문이다. 그러나 예수님은 살아 계시면서 우리가 그 어떤 절박한 상황에 있다 해도 우리를 도와주실 수 있다. 병원에 있는 환자, 교도소에 있는 재소자, 자동차 아래 있는 정비공, 놀이터에서 노는 아이 등 누구나 자신이 있는 자리에서 예수님을 부르면 예수님이 구원하신다. "누구든지 주의 이름을 부르는 자는 구원을 받으리라"(행 2:21, 욜 2:32 인용). 나는 구원받은 날 저녁에 고등학교 강당 뒤에 서서 안내 위원으로 섬기며 빌리 그레이엄 목사님의 말씀을 듣고 있었다. 말씀을 듣는데 내 마음이 예수님을 향하면서 그분에 대한 믿음이 생겼다. 그날 예수님은 나를 구원하셨다. 앞으로 나아가 기도나 상담을 받은 것도 아니었다. 하지만 내가 구원받았음을 분명히 알았다! 나는 믿음으로 예수님께 나아갔고, 예수님은 그런 나를 받아주셨다.

'오라'는 말에는 잃어버린 죄인들이 잘못된 방향으로 가고 있으며, 잘못된 군중을 따라가고, 잘못된 일을 하고 있다는 의미가 담겨 있다. 그들은 방향을 돌려야 한다. 그리스도를 따라야 한다. 그리스도만이 우리의 모든 필요가 되신다. 다른 곳을 볼 이유가 없다. 상황이 어떠하든 고개를 돌려 예수님을 믿고 예수님을 따라가자. 지금 있는 자리에서 예수님께 나아가 그분을 영접하고, 예수님이 죄 있는 우리를 대신해 지셨던 십자가에 당신의 죄 짐을 모두 내려놓으라(벧전 2:24). 무거운 짐을 지고 있는데도 그 짐을 버리기가 어렵다면 기억하라. 일은 당신을 절대 구원하지 못한다. 우리의 구원은 "우리가 행한바 의로운 행위로 말미암지 아니하고 오직 그의 긍휼하심을 따[른다]"(딛 3:5).

메라

주님은 우리에게 주님의 멍에를 강요하신 적이 없다. 다만 우리가 그것을 기꺼이 받아들이고 기쁘게 메기를 바라신다. 왜일까? 멍에는 우리를 주님과의 더 깊은 관계로 인도하기 때문이다. 믿음으로 예수님께 나아가면 하나님과 화평할 수 있다(롬 5:1). 그리고 예수님의 멍에를 받아서 메면 우리에게 하나님의 평강이 임한다(빌 4:6-7). 하나님과의 화평이란 죄를 용서받고 하나님 앞에 설 자리를 얻었다는 뜻이다. 우리는 하나님 가족의 일원이며, 이 사실은 영원하다. 하나님의 평강이란 하나님께 통제권이 있기에 우리에게 두려워할 것이 없다는 조용한 확신이다. 하나님과의 화평은 우리가 구원받았음을 의미하고, 하나님의 평강은 우리가 안전하다는 뜻이다.

예수님이 "내 멍에를 메라"고 하신 말씀은 어떤 의미일까? 하나님의 뜻을 받아들이고 그 뜻에 순종하라는 말씀이다. 하나님은 자녀 한 사람 한 사람을 위한 완벽한 계획을 세우셨다. 우리가 그 계획에 순종할 때 성부 하나님을 기쁘게 해드리고, 성자 하나님을 영화롭게 해드리며, 우리 삶에서 성령 하나님이 일하시는 것을 누릴 수 있다. 하나님의 뜻은 발견하기 어려우며 순종하기에 위험하고, 인생의 모든 즐거움을 빼앗는다는 잘못된 생각을 하는 신자를 많이 보았다. 어리석은 생각이다. 이것을 기억하라. "여호와의 계획은 영원히 서고 그의 생각은 대대에 이르리로다"(시 33:11). 하나님의 뜻은 사랑하는 마음에서 오고, 믿는 각 사람에 맞춰 개별적으로 계획되었는데, 어떻게 하나님의 뜻이 발견하기 어렵고 순종하기 위험하겠는가? 일반적으로 성경에는 모든 믿는 사람이 순종해야 하는 명령과 경고가 있다. 그러나 하나님은 우리가 말씀을 묵상하고 그분의 뜻을 알기 위해 기도할 때 우리에게 구체적으로 말씀하신다. 어떤 사람의 인생 계획도 동일하지 않다. 하나님의 모든 자녀가 독특한 삶을 산다. 죄의 멍에는 무겁고(시 38:4) 종교의 멍에도 마찬가지이지만(마 23:4; 행 15:10), 그리스도의 멍에는 쉽고 그 짐은 가볍다. 그리고 그리스도는 우리와 함께 멍에를 메주신다. 더 바랄 일이 있겠는가?

배우라

은혜 안에서 자라고 주님을 더욱 닮고 싶다면 주님을 아는 지식에서 자라야 한다. "오직 우리 주 곧 구주 예수 그리스도의 은혜와 그를 아는 지식에서 자라 가라"(벧후 3:18). 우리는 믿음으로 주님께 오며 주님이 우리의 구세주가 되신다. 우리는 주님의 멍에를 메며 주님은 우리의 주인이 되신다. 이제 우리는 주님께 배우고 주님은 우리의 교사이자 본보기가 되신다.

이것은 교재를 몇 권 사서 그것으로 성경을 공부하는 차원이 아니다. 물론 그렇게 하는 것도 중요하다. 그러나 그 정도는 구원받지 않은 사람도 할 수 있다. 우리는 가진 모든 도구를 사용하여 날마다 하나님 말씀을 공부하고 묵상하며, 삶을 바꾸는 하나님 진리의 힘을 경험해야 한다. "진리를 알지니 진리가 너희를 자유롭게 하리라"(요 8:32). 예수님은 3년 동안 제자들을 가르치셨다. 하늘로 돌아가신 뒤에도 제자들이 세상에서 그분의 사역을 계속하고 또 다른 제자들을 세우도록 준비시키기 위해서였다. 제자 중 세 명은 영감을 받아 예수님의 전기를 쓰고, 다른 제자들은 예수님의 인성, 사역, 가르침에 대한 영감을 받아서 편지를 적었다. 구약성경은 우리에게 신약성경의 사건에 대한 역사적·예언적 배경이 되며, 신약성경을 어떻게 읽고 연구해야 하는지를 알려준다. "신약은 구약에 감춰져 있으며 구약은 신약에 드러난다."

성경을 개인적으로 배우거나 공개적으로 읽고 설명을 들으면서, 우리는 예수 그리스도를 더욱 잘 알게 된다. 이로써 우리는 성장할 뿐만 아니라 경건한 삶을 살며, 사람들에게 사역하는 데 필요한 깨달음과 양분을 제공할 수 있다. 하나님의 말씀은 거울과 같아서 우리는 그것을 통해 우리 자신을 보고 하나님의 영광을 본다. 또 말씀으로 하나님의 영광을 봄으로써 성령으로 변화를 받아 더욱더 예수님을 닮아갈 수 있다(약 1:21-25; 고후 3:18). 옛 찬송가의 가사처럼 "거룩해지려면 시간이 필요하다." 수많은 정보가 넘쳐나는 이 시대에, 우리는 얄팍한 대화나 뉴스, 쓸데없는 글이나 영상에 시간을 빼앗겨 하나님과 보낼 시간을 놓치지 않도록 주의해야 한다.

쉼을 얻으라

믿음으로 그리스도께 오면 그분이 우리에게 쉼을 주신다. 주님의 멍에를 메고 그분에 대해 배우면, 주님은 우리의 영혼과 마음, 생각과 양심을 위한 안식을 얻도록 도우신다. 그 안식은 "모든 지각에 뛰어난 하나님의 평강"(빌 4:7)이다. 예수님은 다락방에서 이런 말씀을 하셨다. "평안을 너희에게 끼치노니 곧 나의 평안을 너희에게 주노라 내가 너희에게 주는 것은 세상이 주는 것과 같지 아니하니라 너희는 마음에 근심하지도 말고 두려워하지도 말라"(요 14:27). 예수님 시대에 로마는 거만하고 무자비했다. 그러나 우리 주님은 마음이 온유하고 겸손하셨다. 주님은 지금도 동일하시다. 때로는 주님이 우리에게 상처를 주시는 것 같을 때가 있지만, 절대 그분은 우리에게 해를 입히지 않으신다. 구세주가 훈계하시며 은혜의 약을 발라주시면, 그 상처는 치유로 변한다(히 12:1-11). 세상은 온갖 오락거리, 엔터테인먼트, 진정제로 평안을 주려고 애쓰지만 일시적인 위약은 지속적인 평안을 주지 못한다.

겁에 질린 아이를 달래는 부모처럼 사랑 많으신 우리의 하늘 아버지는 이런 말씀으로 자녀를 달래주신다.

> 너의 하나님 여호와가 너의 가운데에 계시니 그는 구원을 베푸실 전능자이시라 그가 너로 말미암아 기쁨을 이기지 못하시며 너를 잠잠히 사랑하시며 너로 말미암아 즐거이 부르며

기뻐하시리라 하리라(습 3:17).

하늘 아버지가 겁에 질린 아이를 무릎에 앉히고 노래를 불러 주시는 모습을 떠올려보라. 주 예수님은 세상에 계실 때 노래하셨고(마 26:30), 지금 성령님은 교회의 예배를 통해 노래하신다(엡 5:18-21). 스바냐 선지자는 성부 하나님도 노래하신다고 말한다. 우리 자신을 하나님께 드리면 하나님이 우리를 품에 안으시고, 노래하며 위로하신다. 신뢰해도 되는 확실한 약속이다.

날씨나 사람, 상황, 우리가 읽고 듣고 보는 충격적인 소식들은 우리가 통제할 수 있는 일이 아니다. 우리 감정조차 우리 뜻대로 조절할 수 없을 때가 있지 않은가? 그러나 모든 것에 어떻게 대처할지는 우리가 결정할 수 있다. 우리를 깊이 사랑하시는 하늘 아버지의 자녀로서 성자 하나님의 초청에 응답하면 된다. 그러면 근심과 실망, 고통 중에도 평안을 경험할 수 있다. 예수님은 "나의 멍에를 메고 내게 배우라 그리하면 너희 마음이 쉼을 얻으리니"라고 하셨다.

우리는 자유로워지려고 멍에를 멘다. 예수님은 시련 대신 평안을 주시는 게 아니라 시련 중에도 평안을 주신다. 우리에게 해를 입히기 위해서가 아니라 우리를 성숙하게 하려고 시련을 사용하시는 것뿐이다.

"나에게 오라. 너에게 평안을 주리라."